秘伝和気陰陽師

現代に活かす古の知恵

保江邦夫

青林堂

はじめに

生まれたときのことは何も知らない、いや、何も知らされてこなかった。そもそも「家」というものの中に「母親」という存在があるはずだということに気づくことができたのは、小学校の高学年になり同級生の家に遊びに行くようになってからだ。どの家にも母親がいて、同級生は皆その愛情によって温かく見守られながら育っていた。そんな事実を受け入れるのにはかなりの月日を必要としたのだが、それでも母親というものが自分を「生み出した」存在だとは分からなかった。それを知ることができたのは中学校に入って、ませた同級生が知ったかぶりに性教育もどきの自慢話をしてくれてからのことだ。

ところが、ところが、僕が育った岡山の家の中には母親が欠如していたにもかかわらず、僕自身がこの世に生み出されていた！　いったい、なぜなのか⁉

僕は一人自問しながら暗い日々を送っていった。父親や祖母に聞けばよいと誰もが思うかもしれないが、僕の家の中には母親について絶対に触れてはいけないという雰囲気が漂っていたのだ。たくさんいた親戚の伯父さんや叔母さんも含め、誰一人として僕の前では母親のことはもちろん、必然的に母親や母親と父親の関係に触れてしまうことになる保江家の昔話やご先祖様の話をも教えてはくれなかった。

そう、一体どうやってこの世に生を受け、なぜこの岡山の「保江家」で父親とその母親である祖母によって育てられ、これからどんな人生が待っているのか、まったく不明なまま唯々《ただただ》時が流れていくのに身をまかせていた「抜け殻」のような人間、それがこの僕、保江邦夫だったのだ。当然ながら、他の人とは考え方も行動パターンも、そして感性もかなりずれたものに仕上がってしまったし、実際に自分の過去を振り返ってみればみるほど、人並み外れて不可思議千万な経験ばかりを積んできたことが分かる。

すべては偶然の産物であり、たまたま損なクジを引いてしまった不運な男。それが真実だと認めるしかなかった僕に大きな転機が訪れたのは、人生50年の大台に乗ってからのちょっとした死亡体験のお陰。そこから始まった第2の人生の中で、僕はなぜか必要に応じて必要な能力や知恵が自分の内部から湧き出してくるようになり、そんな都合のよい「フォース（聖力）」の由来が、小さい頃に祖母によってすり込まれていた「保江本家」にのみ一子相伝で代々伝えられてきた秘密の教育内容にあったことまでも理解することができた。

こうして奇想天外な第2の人生をすでに20年を超えて送ってきた僕は、この辺りでこんな異常な僕を育ててくれた保江本家の秘伝の一部を公開することにした。その目的は、多くの場所で日に日に増えつつある人々の対立や衝突を解消し、調和と平和に満ちた世界を実現するために動き始めようとする有意の士の多くにこの先で必要となるフォースを身につけてもらうために他ならない。そう、この世に蔓延《はびこ》る暗黒面の寵児から人々を救おうとする強い気持ちを心に秘めたあなたにこそ、現代の陰陽師となるためにぜひとも読み進んでいってほしい。この本は、そう考えている僕からの読者諸姉諸兄への最高の贈り物なのだ！

保江 邦夫

目次

朱雀の章

白虎の章

玄武の章 …… 167

おわりに 192

青龍の章

僕の先祖である播磨陰陽師は安倍晴明の弟子だった？

僕が播磨陰陽師の首領の末裔《まつえい》であることを自覚したのは、10年ほど前のことだ。身体の中に陰陽師の血が流れていると少年時代の僕が知っていれば、仙台で天文学を修め、京都と名古屋で理論物理学を研究することはなかったかもしれない。

「保江」という僕の姓は、元禄時代の「殿中でござる」で知られる刃傷《にんじょう》事件が起こるまでは「眞殿《まとの》」だった。播磨赤穂藩主・浅野内匠頭《たくみのかみ》が江戸城松の廊下で、高家・吉良上野介義央《こうずけのすけよしなか》に斬りつけなければ、先祖はずっと「眞殿」を名乗ったはずである。

僕は岡山市で生まれ育ったが、本当のルーツは兵庫県にある。ウチの先祖は、赤穂藩お抱えの陰陽師だった。いわゆる播磨陰陽師の一派である。平安時代の陰陽師のスーパースターである安倍晴明も、最初は播磨守に任ぜられた。当時の播磨、つまりいまの兵庫県は、京文化の光が届くか届かないかの僻地《へきち》。そこへ飛ばされたのだから、都落ちと言われても仕方がない。「安倍播磨守」は、さらに未開地であった岡山県の西部にも足を延ばした形跡がある。現在の浅口市金光町《こんこうちょう》の辺りだ。晴明を死に追い込んだとされる陰陽師・蘆屋《あしや》道満も、金光町の生まれである。

金光町は、幕末に生まれた神道系新宗教の金光教の発祥地でもある。ついでにこの宗教について少し触れると、金光教は伯家神道のかなりの部分を受け継いでいる。伯家神道の中興の祖である高濱清七郎は岡山県の出身である。

幕末、高濱は長州藩から天皇家を護るため、孝明天皇の第2皇子である皇太子（後の明治天皇）を密かに御所から連れ出して岡山に潜伏したことがある。皇太子を養うための生活資金を得ようと、伯家神道の秘伝の巻物のいくつかを金光教の教祖に売り払ったのだ。その秘伝の教えをもとに金光教はいまでも神事を続けている。そういう意味では、神道系新宗教のなかでは信頼できる宗教だと言っていい。

さて、江戸時代の仮名草子『安倍晴明物語』では、晴明と道満は敵対関係にあるのだが、実は2人は親しい友人関係にあった。日本の陰陽道の始祖ともいわれる吉備真備が唐から持ち帰った陰陽道の秘伝書を晴明が見ることができたのは、道満の協力があったからである。

奈良時代の霊亀2年（716年）、真備は阿倍仲麻呂らと遣唐使として唐に渡った。唐で没する運命にあった仲麻呂は、「陰陽師の技をマスターし、秘伝書を日本へ持ち帰ることができたら私の子孫に見せてやってほしい」と真備に頼んだという。

安倍晴明はおそらく、秘伝書の存在を知っていたのだろう。ひょっとすると、吉備国へ赴くために率先して播磨守を希望したのかもしれない。そこで、晴明は吉備真備の子孫に会って陰陽道の奥義書一式をすべて筆写できたのだが、ちょうど時を同じくして、在野の陰陽師であった蘆屋道満も真備が将来した奥義書で陰陽道を勉強していたようだ。晴明はそこで道満と出会ったのだろう、と僕は睨んでいる。

だから、この2人は仇同士ではなく、親しい友人関係にあったというのが僕の見立て。ついでに言えば、金光町には安倍晴明と蘆屋道満の墓所もある。広島大学文学部の教授だった安倍晴明の研究者が退官後、金光町に移住して調べたところ、晴明は金光町で亡くなったことを発見したのである。晴明の墓とされる場所は京都をはじめ各地に散在するが、金光町の墓所が本物である信憑性《しんぴょうせい》は高いと思う。

さらに、その金光町のすぐ北側には阿部山《あべさん》と遙照山《ようしょうざん》があり、この二つの山に挟まれるようにして京都大学岡山天文台と岡山天文博物館が並んでいる。京都大学の天文台には、アジア最大級の反射望遠鏡が設置されているし、要するに、この辺りは岡山県で一番美しい星空の見える場所なのだ。その北西には、やはり天文台が立つ美星《びせい》町《ちょう》という町もある。美しい星の町。県全体の晴天率が日本屈指であるだけに、岡山はまさしく「星の国」なのだ。

1000年以上前、安倍晴明は阿部山で天体観測を行っている。山頂から見上げれば360度が満天の星々。付近には晴明の屋敷跡ともいわれる阿部神社が立つ。都から遠く離れた僻遠の地とはいえ、岡山と晴明は深くつながっていたのである。

播磨国を統治する立場にあった晴明には、陰陽師の弟子も多かった。僕の先祖も晴明の弟子の一人だったのだろう。播磨国は、姫路を中心にした兵庫県の南西端にある赤穂の辺りだ。赤穂藩主は陰陽師を厚遇し、播磨陰陽師を家来にしたわけである。南北朝時代の武将である楠木正成や戦国期の天才軍師・黒田官兵衛も陰陽師を重用した。ちなみに、官兵衛の生国は播磨（姫路）である。

備前の殿様にかくまってもらった僕の先祖

楠公さんこと楠木正成は、佩刀《はいとう》の刀身に北斗七星を刻印していたと伝わる。護符の代わりだろう。陰陽師は伝統的に北斗七星を崇めてきた（北辰信仰）。実は、僕の祖先は代々、この楠公さんを崇め奉ってきたのである。楠木正成を祀るのが神戸の湊川神社であることからも分かるように、楠公さんと播磨国の縁は深い。

姫路城を少し北進すると、「香呂《こうろ》」という町にぶつかる。ここには、楠木正成公の魂を受け継ぐとされる巫女が代々存在した。巫女の予言はピタリと当たることで有名で、兵庫県の西部はもちろん、岡山県からも巫女を訪れる人が引きも切らなかった。僕も何度か見てもらったことがあるのだが、残念ながらそのおばあちゃん巫女は亡くなってしまい、代々続いてきた伝統が途絶えてしまった。

幸いにして、楠公さんの御霊はいまでも播磨国を護ってくださる。唐突であるが、僕は春にすべきことは何をおいても4月18日にすると決めている。そうすれば、楠公のお力を得ることができるという直観があるのである。後述するが、墓所購入もこの日に決めた。

楠公の影響があったかどうかは分からないが、赤穂藩に召し抱えられた陰陽師は日に日に増えていったものと考えられる。

江戸城松の廊下で刃傷事件が起きたのは、演劇・文芸・美術・学問に新風が吹き込まれ、華美で呆けたような元禄文化が開花した時代が終わりに近づいた頃だった。江戸幕府は、大勢の陰陽師を召し抱える赤穂藩を警戒していた。藩主は呪術に長ける陰陽師を使い、京都の天皇と結託して倒幕を企てているのではないか、と疑ったのである。

叛乱の種を一刻も早く取り除くためにも、陰陽師たちを抹殺しなければならない。そのためには、まず赤穂藩を取り潰しにすることだ、と幕府は考えたのである。「殿中でござる」事件は、こうして仕組まれたのだ。「若い殿様のことだ。ねちねちと虐《いじ》めてやれば、きっと殿中で刃傷沙汰に及ぶだろう」と、老獪《ろうかい》な吉良上野介を中心に作戦を練り上げる様子が目に浮かぶようだ。

結果は予想どおり、赤穂藩お取り潰しとなった。藩お抱えの陰陽師がこれで散り散りになったところを隠密が抹殺する、というのが幕府の目論見だった。お取り潰しと知った陰陽師たちは、赤穂浪士の吉良邸討ち入りのはるか前に一目散に逃げた。一刻も早く赤穂の地を離れなければ命はなく、追っ手を振り切るために、北海道まで逃げおおせた者もいたという。

僕の先祖である「眞殿」は播磨陰陽師の首領の家系だっただけに、一番に狙われた。幸いにして、赤穂藩家老の大石内蔵助は備前藩、つまり岡山出身だった。首領は大石の伝手《つて》で、備前藩主・池田綱政に庇護されたのである。

綱政の曽祖父・輝政は、姫路藩の初代藩主である。もともと豊臣秀吉の家臣であったが、関ヶ原の戦では東軍の先鋒を務め、姫路城主となった。その後、9年の歳月をかけて城の大改築に着手し、5層7階の連立式天守を完成させたのである。そして、姫路城の大改築中に輝政の次男・忠継が備前初代藩主になっている。

あれだけ立派な城を造ったところを見ると、池田家は徳川幕府に対して面従腹背だったのだろう。池田家の殿様は、喜んで播磨陰陽師の首領をかくまってくれた。ただし、姓が「眞殿」のままではまずい。ちょうど、奈良時代の公卿・和気清麻呂の生地である備前の和気に、断絶した「保江」という由緒ある血筋の家が残っているからこれを再興させればいい、ということになった。これが、僕の姓の由来である。

それ以来、和気に拠点を置く「保江家」は、代々にわたって備前で存続した家柄だとして、先祖は保江姓を隠れ蓑に、幕府の刺客から無事に逃げおおせたのである。

大石内蔵助も陰陽師と見て間違いない。吉良家への討ち入りの際に内蔵助が山鹿流陣太鼓をドンドンと叩く描写が、小説や映画にも出てくる。兵法学の一流派として知られるこの山鹿流は、陰陽師の流派でもあるのだ。陰陽師の戦術・戦略に特化した兵法である。内蔵助が陰陽師だったからこそ、播磨陰陽師の首領である僕のご先祖様を備前の殿様に紹介してくれたのだと思う。

吉良上野介の首級を挙げた内蔵助たち四十七士が晴れ晴れとした表情で切腹に臨む

場面は小説や映画・テレビでよく見かけるが、不思議なことに、陰陽師はどこにも登場しない。目立つのは山鹿流陣太鼓だけ。ところが、ハリウッドが四十七士をテーマに製作した『47RONIN』の主人公は、まさしく陰陽師なのだ。

キアヌ・リーブス演じる「カイ」は異人と日本人のハーフで、幼少期に山に捨てられ異界に棲む天狗に拾われ育てられたという設定だ。この作品に描かれる異形の面々は、すべて陰陽師である。48番目の志士として討ち入りに参加するカイは播磨陰陽師の首領、つまり僕の先祖だと見なすこともできるのだ。ハリウッド映画とはいえ、赤穂藩と陰陽師の関係まで調べあげたアメリカ人はさすがだと思った。

僕の祖父は田布施システムの指令を受けた?

吉良家討ち入り時には備前の和気に潜んでいた「保江家」は、江戸末期まで生き延びることができた。その間、正体がばれないように、先祖は和気を根城にして陰陽師の秘伝を一子相伝で密かに伝えたのである。

その後、僕の先祖は和気から山口県の田布施と隣接する柳井に活動範囲を広げていく。余談になるが、山口県出身の宰相は伊藤博文、山県有朋、桂太郎、寺内正毅《まさたけ》、田中義一、岸信介、佐藤栄作、安倍晋三の8人がいる。明治維新の原動力となった長州閥の影響が現代まで続いたということになるだろう。高杉晋作が第二騎兵隊の本営を田布施に作ったのが、その流れが生まれた一番大きな要因かもしれない。

岡山県の和気で静かに暮らしていた僕の先祖が、なぜわざわざ山口県の田布施や柳井に行く必要があったのか？　これは僕の想像だが、赤穂事件で北海道から沖縄まで散り散りになった播磨陰陽師たちが密かにネットワークを構築していたのだと思う。先祖は、田布施や柳井へ赴くように指令を受けたのだろう。田布施・柳井エリアは、徳川幕府顛覆《てんぷく》を狙う長州勢力の中心であった。

ところで、僕の祖父は柳井でいっぱしの男に育つと、福岡県の直方《のおがた》へ向かった。直方で生まれた僕の父は10代の終わりに陸軍航空隊に入り、戦闘機乗りとなった。従来の戦闘機より上昇力・加速力・急下降に優れる二式単座戦闘機「鍾馗《しょうき》」のパイロットとして腕を鳴らし、太平洋上で米軍の戦略爆撃機B―29を撃墜する手柄を立てた。

さて直方といえば、飯塚、田川、中間と並んで筑豊炭田で栄えた場所。筑豊炭田は日本で最も開発の歴史が古く、当時は三井・三菱・住友・古河といった大財閥が取り仕切っていたのである。

その中で、明治新政府直轄の炭田が1ヶ所だけ存在した。僕の爺さんは、その官営炭田の監督官を務めた。祖父は僕が生まれる前に亡くなったが、祖母や息子（僕の父）は直方にしばらく住み続けたらしい。

以前、僕は現地まで足を運んで調べたのだが、そこは無煙炭を産出する炭田だった。国は、煙を出さない良質の石炭が取れる炭田を手放さなかったのだと思う。無煙炭で思い出すのが、日露戦争の日本海海戦だ。実は、ロシアのバルチック艦隊が日本の連合艦隊に大敗した理由の一つに無煙炭が挙げられる。バルト海沿岸のリバウ軍港を出港したバルチック艦隊は、日本に向かう途中で無煙炭を補給できなくなったのだ。質の悪い石炭の使用によって、艦隊の船足も落ちたといわれている。

一方、東郷平八郎大将が率いる連合艦隊は、筑豊の無煙炭を思う存分使うことができた。

煙の上がらない船が戦で有利なのは自明の理。日本艦隊は沖ノ島付近でバルチック艦隊を迎え撃ち、撃滅することができた。

国の存亡をかけた戦争に使う大切な無煙炭の管理を、柳井に住む僕の爺さんがどうして任されたのだろう。柳井は田布施の隣にある町だけに、祖父は陰陽師集団が築いたと思われる「田布施システム」の指令を受けたのではないかと思う。

バルチック艦隊を撃破し「東洋のネルソン」と称された東郷平八郎は、もともと薩摩藩出身だ。日本海海戦後に英雄扱いされ挙げ句の果てに神様に祀り上げられるほど有名になった人物だが、連合艦隊司令長官に就く以前は無名の存在だった。極端な話、どこの馬の骨って感じ。その東郷を発掘し、司令長官に大抜擢したのが、東郷と同じ元薩摩藩士である海軍大臣の山本権兵衛だった。薩摩と長州の関係を考えれば、ここにも田布施システムの影がちらついている。

田布施システムという裏ネットワークによって、政治家・官僚・軍人が適材適所で重用され、この国は護られてきたのだと思う。３００年前、赤穂藩はお取り潰しの憂き目にあい播磨陰陽師も全国へ離散してしまったものの、結果的に全土へ陰陽師のネットワークを張り巡らせることができた。後世になり僕の祖父もそのネットワークに関わることになるのだから、因縁は深い。

田布施システムが明治維新の原動力になり、明治政府が樹立すると、彼らは列強から日本をいかにして護るかという点に腐心したのである。例えば、鉄道敷設問題が挙げられる。当時、日本の鉄道敷設に一番熱心だったのがイギリスとアメリカである。鉄道は東洋の植民地化の道具としては、最も有効な餌だった。田布施の連中は、列強に蚕食され半植民地状態になっているお隣の清国の惨状をよく知っていただけに警戒した。

アメリカは「鉄道敷設に必要な資金・資材・技術はすべて提供しますよ。ですから、日本政府の財政負担はゼロです」と、さかんに甘言を弄する。提案の中身は、敷設後の経営権はアメリカが所有し、収益もすべてアメリカの鉄道会社が吸い上げる「外国管轄方式」に近いものだった。

一方のイギリスは、世界初の蒸気機関車を走らせた国である。「我々は資金と技術の援助にとどめ、日本政府の手で敷設し運営に当たるべき」という「自国管轄方式」を提示した。当然ながら、日本はイギリス方式を採用することになる。

ところが、イギリスには魂胆があった。1872年、日本最初の鉄道が開通したのは新橋―横浜間である。実はこのとき、イギリスは京都―大阪―神戸間の鉄道敷設も狙っていたのだ。結果的に、この関西ルートの計画は潰れたが、もし新橋―横浜間と京都―神戸間が同時に開通していれば、大変な事態を招くところであった。

この話は、京都在住の歴史家から聞いたことだが、イギリスは軍艦を横浜港と神戸港の両港へ同時に接岸させ、鉄道によって横浜駅と神戸駅から軍隊を東京と京都へ同時に送り込み、江戸城つまり皇居と京都御所を同時に占拠する計画を練っていたのだ。東と西にある日本のへそを押さえれば、植民地化は一瞬で成功しただろう。

イギリスの企みを見抜いたのが、佐賀藩の殿様こと鍋島閑叟《かんそう》である。薩摩の島津斉彬と並び称される開明的な藩主だ。過激な倒幕運動には賛成しなかったものの、薩長土肥の一角として田布施システムとも密につながっていた。京都―神戸間の鉄道敷設を遅らせたのは、この殿様が尽力したからだ。

閑叟は早くから外国警備の重要性や、蒸気機関などの西洋技術に着目していた。軍隊も洋式に改め、列強の軍艦の購入にも努めたことで知られる。日本初の反射炉を造ったのもこの殿様だ。

幕末、北海道はロシアによってたびたび襲撃された。北海道の初代開拓長官を務めた閑叟は、北の国をロシアから護るために札幌を美しい碁盤の目の都市に変貌させ結界を張り、裏京都として機能させたのである。

明治に入っても、新政府は老獪なイギリスとうまく付き合った。日露戦争に勝利した要因に日英同盟が挙げられるし、日本海海戦で東郷司令長官を乗せて連合艦隊旗艦を務めた三笠もイギリスで建造された戦艦だった。日本の植民地化を虎視眈々と狙う大英帝国の矛先をうまくかわすことができたのも、田布施システムが機能したからだろう。

幼少の頃から陰陽師の教えを授けてくれた祖母

播磨陰陽師の首領を務めた保江家の歴史をざっとたどったが、赤穂事件が保江一族にとって大きな分岐点だったことが分かる。僕が子どもの頃にこんな話を聞かされても、きっと理解できなかっただろうし、興味も湧かなかったに違いない。

次に、赤ん坊の頃から僕を慈しみ育ててくれた祖母について語ろう。

昭和26年、実家で僕を産み落とした母は、父の許には戻ってこなかった。帰されたのは、生後3ヶ月の僕だけ。親戚によると、母は姑との折り合いが悪くいさかいが絶えなかったらしい。当然ながら、僕には母の記憶がなく、祖母と叔母（父の妹）が母親代わりだった。

僕は小学2年まで、ずっと祖母と一緒に寝ていた。割と大きな屋敷の離れに祖母の部屋があり、そこが僕の寝場所であった。親父を含め9人の子どもを女の細腕で育てあげた祖母は、僕を寝かしつけると再び家事に戻るのだ。嫁つまり僕の母に逃げられてしまい、祖母がすべてを背負うしかなかった。夜更けまで働いて翌朝は日の出とともに起床するのが、祖母の毎日だった。

物心が付き、僕が言葉を理解し始めた頃だと思う。祖母は毎晩、僕の隣で物語を聞かせてくれるようになった。「教材」は手描きの和綴じ本。ボロボロになった和紙のページ毎に彩色を施された絵が描かれている。文字は載っていないので、祖母が絵を一つひとつ僕に見せながら物語るのである。

今どきの若い母親が幼子に読み聞かせる絵本ならば、僕も安心して眠りに就くことができるのだが、祖母の和綴じ本に描かれている絵は、おどろおどろしいものばかりだった。豚と猪の合いの子みたいな化け物を始め、いろいろな妖怪が登場する。中には、化け物が赤ん坊をかじり、その醜い口から鮮血がだらだら流れ出ている絵もある。

いろいろな妖怪が徘徊する『百鬼夜行絵巻』という室町時代の作品があるが、祖母の和綴じ本にはそれに通じる不気味さが漂っていた。紙はボロボロでも、一つひとつの絵は彩り鮮やかで実にリアルなのだ。

文字はどこにも書かれていないのに、不思議なことに祖母の口からストーリーがすらすらと流れ出てくる。その語り口は淡々としているのだが、風の音や草木の葉が擦れ合う音、犬猫や虫の鳴き声などがどこからともなく聞こえてくるようだった。

幼かった僕は、こうして恐怖の絵物語を子守唄代わりに育った。幸いにして、その絵物語の結末では、必ず平安装束に身を包んだ凛とした若者が登場し、太刀で化け物を退治してくれる。あの魔物が攻めくればば若者はこうやって立ち向かう、と祖母は退治法まで事細かに解説してくれた。

最後に姿を現す若きヒーローのお陰で、僕の恐怖心は半減するのだった。でも、何かの用事で呼び出された祖母が、ヒーローが登場する直前に「今晩はここまで。あんた、もう寝なさい」と絵物語を中断することがある。さあ、それからが大変だ。離れに置き去りにされた僕は、一人で震えながら夜を過ごすしかない。布団の中にうずくまり、朝日が射し込む瞬間を待ち焦がれたものだ。

やがて、僕一人で寝るようになっても、頭の中でいろいろ空想する癖が付いてしまった。「お化けが出てきてもこうやって退治するんだ」などと妄想しながら眠りに就くのである。

恐怖を伴う幼児体験のせいか、僕はいまでもまともな夢を見たことがない。太刀で魔物を切り裂いたり、光線銃で怪物を撃ったりと、そんな夢ばかりである。人並みに日常生活の延長のように平和な夢をいつか見たいと思うのだが……。

祖母の絵物語が、実は播磨陰陽師の伝統的な幼児教育だったと気づくのは、ずっと後年になってからだ。僕はボロボロの和綴じ本が陰陽師を知る第一級史料だとは露ほども知らず、25年前に父親が亡くなって遺品を整理したときに焼却してしまったのである。後悔先に立たず。だから、僕には記憶の糸をたぐりながら、祖母が授けてくれた陰陽師教育を語り残す使命がある。

ところで、この陰陽師教育で重要なのは、知恵が付く前の幼子の右脳に働きかけることだ。しかも、シータ波が出ている半醒半睡のまどろんだ状態に刷り込まないと効果がない。

先述した絵物語では、さまざまな化け物が暴れるものの若武者が必ず退治してくれる。そのプロセスを祖母は弁士さながらに語ってくれた。僕はその物語に恐怖を感じながらも、うつらうつらして耳を傾ける。やがて、朝を迎えればケロッと忘れているのだ。ところが、刷り込み効果は、思わぬところで発揮されるのである。

大学生活を仙台で送った僕は、ある晩に下宿先で金縛りに遭ったことがある。なぜだか知らないけど、両目はパッチリ開いている。視界に飛びこんできたのが真っ黒な化け物で、それが僕の上にのしかかっていたのだ。動けないのは、この黒い魔物のせいだと理解したものの、「どうしよう⁉」と冷や汗をかくばかりで、何もできない。

うんうん唸っている僕の脳裡に甦ったのが、昔お婆ちゃんが語ってくれた絵物語の一節だった。ちょうど、若武者が黒い魔物と戦っている場面。魔物に組み伏せられた若武者は身動きできない劣勢にある。その刹那、若武者は裂帛《れっぱく》の気合を発したのだ。そのシーンを思い出した僕はとっさに、「うお～っ！」と大声をあげたのだ。腹の底から横隔膜をビリビリ震わせて。すると、僕にのっかっていた黒い魔物は、すーっと消えてしまったのである。

この恐怖の体験によって、僕は祖母の絵物語の意味を悟った。脳内にシータ波が出現するまどろみの中で授けられた右脳教育が、大学生になって突如として力を発揮したのだ。これは、播磨陰陽師の一族に伝わる究極の睡眠学習ともいえる。

妄想力で突破した高校受験と大学受験

祖母の絵物語には、若武者（陰陽師）が登場しない話もある。村人たちが一致団結して妖怪に立ち向かうという筋書きだ。いかにも弱そうな村人が妖怪退治に使った武器は、妄想力である。

例えば、化け物が崖から落ちて死んだときの無残な姿を、何度も脳裡に描くのだ。妄想を繰り返しながら眠りに入ると効果てきめんであり、自分に都合のいい未来が実現する、ということを祖母は教えてくれた。ポイントは、寝入りばなに妄想すること。昼間にあれこれ悩んでも意味がない。「神様、仏様、お助けください」と願掛けしても効果なし。シータ波が出ているときの潜在意識に働きかけることが現実化に直結する。

僕は本家の跡取り息子だったので、祖母の期待も大きかった。高校受験を迎える時期になると、「あんたは、朝日高へ行きなさい」と、ある日突然、祖母は言い出した。岡山市内にある岡山朝日高等学校といえば、藩校・仮学館の流れをくむ県立ナンバーワンの高校である。成績抜群の秀才たちが目指すエリート学校で、中学ではビリから数えたほうが早い僕の成績では、合格など夢のまた夢だった。試験で落ちるに決まっているし、その前に内申で振り落とされるだろう。おそらく、受験希望さえ受け付けてくれないはずだ。

するると、祖母は学校に乗り込み「ウチの子を朝日高校に入れたいので、受験させてください」と担任に直談判したのである。「アホなこと言わんでください。絶対に合格しませんよ。お子さんを中学浪人させる気でっか？」と担任は宣告した。それくらい、僕の成績は悪かった。辛うじてよかったのが英語と数学で、あとはボロボロだった。

なぜ英語の成績がよかったかというと、ＵＦＯ・宇宙人に興味を持っていた僕はアメリカのロケットやロシアの宇宙船のニュースが流れると飛びついたからだ。本屋では『宇宙英語』という新書判の本をたまたま見つけて読み始めた。ロケットの打ち上げや天文学に関する解説が英語で書かれている本だったが、一番興味のあるテーマだったので読んでいるうちに英語力がどんどんアップしたのである。

その次に本屋の天文コーナーで見つけたのは、同じ新書判の『宇宙数学』で著者はロシア人だった。高校レベルの数学が平易に解説されていて、中学数学の範囲で読めるところもあったので、読んでいるうちに数学の成績も徐々に上がった。

祖母の執拗な要求に根負けしたのか、担任は朝日高校の受験書類を受理してくれた。最終的には、県の教育委員会が県内の中学3年の書類を吟味し朝日高校の受験生を選考する。

各中学から大勢の中3が朝日高校を希望するため、厳選して均等に振り分けるのである。僕のクラスは50人いたが、そのほとんどが朝日高校を希望した。最終的に受験の許可が下りたのはその中の6、7人で「残りは他の高校を受験しろ」と担任が引導を渡すのである。

驚いたことに、その最終選考に僕が入ったのだ。僕の名前を担任の先生が読みあげるや、他の同級生みんなが僕を睨みつけた。「何でお前が……」「どうせ受けたって落ちるに決まってるだろ」「俺たちの邪魔をしないでくれ」と、方々から非難の視線が僕を突き刺した。普通であれば、一念発起して必死に受験勉強するのだが、僕は受験勉強が大嫌いだった。

それでも朝日高合格という奇跡をもたらしたのは、お婆ちゃんが授けてくれた伝家の宝刀だった。当時、旧制一中の伝統なのか、岡山朝日高校の男子生徒はみんな角帽をかぶっていた。昔の4コマ漫画「フクちゃん」でも角帽はお馴染みだったけど、岡山県内で角帽をかぶるのは朝日高の生徒しかいない。繁華街ですれ違う女子高生は、「朝日高のエリートよ」と羨望のまなざしを向けてくるのである。

角帽をカッコよくかぶる僕にかわいい女子高生が群がる光景を、中学3年の僕は毎晩のように脳裡に焼き付けたのである。つまり激しく妄想したのだ。さらに付け加えると、朝日高の受験科目7教科の中に美術が入っていたのだが、これも幸いした。たまたま僕が得意としていた立体的な絵についての問題が出て、我ながら短時間で見事な絵を描き上げたのである。入学後に、美術の先生が「君の絵は素晴らしかったよ」とほめてくれたほどだった。国・数・英ほか6教科の試験は全滅だったので、僕は美術だけで朝日高に合格したようなものだ。

僕の合格に、僕以上に驚いたのが担任の先生だ。「お前のあの成績で、どうやったら朝日高に入れるんだ？」。クラスメイトも同じで、「なんでお前が合格しなければならない」と怒り出す者もいたぐらいである。

アメリカの自己啓発の祖といわれるナポレオン・ヒルの著作『思考は現実化する』が、日本のビジネスマンの間で持てはやされた時期があったが、この発想もアメリカの陰陽師研究の成果だろう。

しかし、世界中で見かけるあの手の思考法は、実に中途半端だと思う。昼間の正常な意識にいくら働きかけたところで、効果は表れない。「思考は現実化」するのではなく「妄想が現実化」するのだ。妄想は考えるのではなく、その世界にどっぷり浸ること。映画『燃えよドラゴン』でブルース・リーが少年に向かって「Don't think. Feel」と諭すシーンがある。

「考えるな、感じろ！　それは月を指さすようなものだ。その指先に集中してはならない」と、指先に心を向けるのではなく、心が月に届くことを目指せというわけだ。これこそ妄想世界に身をまかせる究極の教えである。そのときに注意したいのが、シータ波が流れ出るぼんやりした意識の中で妄想すること。そうすれば、肝腎な場面で真の効力を発揮することができる。

ところで、妄想力で難関を突破したものの、僕の成績は依然として低迷した。朝日高は岡山県内のエリートが集まる高校だけに、各自が自覚をもって勉学に励む。「教えなくたって勝手に勉強するだろう」と、先生が授業の手を抜くのも当然かもしれない。

割を食うのは、僕みたいな出来損ないだ。自慢するわけではないが、高校3年の成績は400人中378番だった。「お前の成績じゃあ。岡山大はおろか、国立大はどこも無理だ。1年浪人しろ」と、先生に言われたぐらいだった。「ふざけんなよ。俺の成績が悪いのは、あんたらがまともな授業をやらないからだろ」と喉元まで突き上げてきた怒りの鉄拳を、僕はぐっと呑み込んだ。

大学受験も妄想力で乗り越えてやる、と決意したのはこのときだった。ちょうど、宇宙人やUFOへの興味が再燃しはじめた頃だった。東北大学の天文学科を目指そうと閃いたのだ。

僕はその晩から、東北大のキャンパスでUFOと宇宙人の研究に没頭する自分の姿を妄想するようになった。これも重要なポイントだが、妄想の中身は細かければ細かいほど効力があるので、微に入り細をうがつ描写を心がけることだ。

僕は早速本屋に行って、天文学や宇宙に関する本をどっさり買い込んだ。当時、東北大学の天文学科では、有名な天文学者である一柳寿一《ひとつやなぎじゅいち》教授が教鞭を執っていた。

銀河の発達を研究されていた方だ。「よし、俺も一柳教授の下で、広大な銀河を駆け巡るUFOを研究するぞ！」と受験勉強そっちのけで妄想にふけったのである。

ところが幸か不幸か、東北大受験の時期が全共闘による大学闘争と重なってしまったのだ。全共闘に安田講堂を占拠された東大が入試の中止に踏み切ると、次は東北大が狙われたのである。全共闘系の学生による校舎封鎖が頻発したため、特別措置によって宮城県の県立高校の校舎を借りて入試が実施されることになった。

機動隊に囲まれる中、僕も高校の校舎で入学試験に臨んだ。入試期間は2日間だが、全共闘が乱入してくる危険があったため、試験時間は午前中の3時間だけ。入試科目のうち、国・数・英は各1時間で、物理・化学はそれぞれ30分という異例の措置だった。数学の問題用紙を開いてみれば、たったの3問。物理と化学はそれぞれ2問。全問正解間違いなしの状況だった。

東北大学の受験合格は、祖母の授けてくれた妄想力プラス全共闘のお陰である。入学後に教務課へ行って入試の点数を見せてもらうと、どの科目も高得点だった。希望すれば医学部に入れてくれる制度があったが、僕は生き物をメスでズタズタに切り裂くのが嫌いだったから初志を貫いた。

憧れの東北大学天文学科へ進み、UFOと宇宙人の研究へ一歩近づいた?

しかし、東北大学の天文学科は競争率が高かった。なにせ天文学科を設置する国立大は東大と東北大だけである。東大の入試中止の影響で、東北大の天文学科の希望者が増えるのも無理はない。

当時は、教養部で200~300人の新入生を受け入れ、理学部の物理学科・地球物理学科・天文学科に入れる学生を確保した。教養部時代の成績で進むことのできる学科を決めていくシステムだった。しかし、天文学科の枠は、わずか5人。東大入試中止のあおりを受け、東北大には天文学を勉強したい高校生が全国から集まっていた。したがって、教養部200~300人の中でトップ5の成績でなければ天文学科には進めず、物理学科か地球物理学科に入るしかなかったのである。

僕の眼前に、突如として暗雲が漂い始めた。学内ストの影響で、教養部の授業もほとんどない状況が続いた。教授が教室に入ろうにも、ゲバ学生が許さない。講義できるのは、彼らに面が割れていない非常勤の講師だけだった。合気道部に入部した僕は夕方5時から稽古して、あとは酒を食らう日々を過ごすしかなかった。

教養部の2年間、ろくに授業を受けていないから単位が取れない。単位どころか、知識のレベルは高校生のままである。いま振り返っても、本当に恐ろしい時代であった。勉学に励もうとすると、それを阻止しようと殴りかかってくるのだから、こんな理不尽な話はない。

学園紛争など、僕にとっては興味の対象外だ。どうでもいい政治がらみの騒動に巻き込まれた僕は、「俺の人生、これから一体どうなってしまうのだろう」と暗澹《あんたん》たる気分だった。やはり、妄想するしかない。せっかく東北大に入学して天文学科へ進みＵＦＯと宇宙人の研究を志しているのだ。僕は、日々研究に没頭する自分の姿を毎晩脳裡に刻み込んだ。

大学2年の終わり頃だった。このままでは、誰も3年に進級できず、学部に3年生が存在しないことになる。そんな事態になれば文部省（当時）からどんな難癖をつけられるか分からないし、大学の運営も危機に直面する。当時の学長はこう考え、超法規的措置によって期末考査を実施することになったのだ。「答案用紙に名前と学籍番号だけ書け。そうすれば必ず単位を出す」と通達が出たのである。

当然ながら全共闘が「粉砕！」と叫んで騒ぎ出したが、大学側は機動隊を呼んで教室をすべて使えるようにした。試験中はゲバ学生どころか蟻一匹たりとも通さない覚悟で、機動隊が教室を囲ったのだ。

「裏切り者！」「何を考えてるんだ、貴様らは！」とゲバ学生たちの罵声を浴びながら、眼鏡をかけた真面目そうな学生が機動隊に護られ、とにかく試験を受けに行くのである。その映像を見て、僕は逡巡した。でも、いま試験を受けて単位をもらわないと天文学科へ進めず、一生後悔する羽目になる。

「俺は何のために、いままで妄想してきたんだ」と自分に言い聞かせ、僕は「日和見野郎！」の怒声を背中で受け試験に臨んだのだった。それで、答案用紙に名前と学籍番号を記入しただけで教室を出た。結果的に、教養部の3割がこの臨時試験を受け、3年に進級したのである。つまり、7割が留年したということ。とんでもない時代だった。

教養部で物理系の200〜300人のうちの3割だから、60〜90人。このうち天文学科を希望したのは、定員とぴたりと一致した5人。希望者の全員が天文学科に入れたのである。東北大史上初の珍事だろう。僕みたいな落ちこぼれが天文学科に入れたのだ。僕は嬉しくてお婆ちゃんのいる岡山に向かって両手を合わせた、と言いたいところだが、実際には祖母のお陰だとはこれっぽちも思わず、「俺はなんて悪運が強いんだろう」と内心ほくそ笑んでいた。当時は、祖母のありがたさが身にしみていなかったのだ。

あの頃の天文学科は本当に小さくて、入ったばかりの僕ら5人の学生を教授2人、助教授2人、助手一人の布陣で指導してくれた。先輩や大学院生が居並ぶ所で、僕らの自己紹介が始まった。「将来は何をやりたくて、天文学科に来たの?」と主任教授が口を開く。

他の4人は全国からの選りすぐりだけに小難しいことを言って、「そうか、そうか」と主任教授たちを喜ばせた。最後に僕の番が来た。別に奇をてらうつもりはなかったのだが、「僕はUFOと宇宙人だけを研究するために、この大学の天文学科を選びました」と声を張り上げると、辺りがシーンと静まり返った。

その直後だった。「バッカモ～ン！　天文学でそんなバカなテーマを研究できるわけがないだろ！」と一喝されたのだ。ここで「スミマセン」とか言えばいいものを、僕は「天文学科で研究できないなら、いったいどこで研究できるんですか？」と売り言葉に買い言葉で返してしまったのである。「何を考えとるんだ、君は。ＵＦＯと宇宙人など学問ではない！」と火に油を注ぐ結果となった。

やっと天文学科でＵＦＯ・宇宙人の研究ができると喜んでいたのに、周囲からは「こいつはアホや」と白い目で見られて意気消沈してしまった。以来、僕のキャンパスライフは、すっかり色褪せたものとなった。こうして、卒業のために単位を取得するだけの味気ない日々が続いた。就職といっても、天文学科では潰しが利かない。一般企業は無理だし、天文台に勤めるといってもお星さまの知識が足りない。このまま大学院へ進むしか道がないと思ったが、天文学科の大学院でもＵＦＯと宇宙人の研究ができないことに変わりはない。

幸いなことに、天文学科に在籍しながらも物理学科の講義はすべて受講することができた。ただ、実験・実習の経験は一度もない。それならば、いっそのこと理論物理をやればいい。理論物理学を勉強しながらＵＦＯの構造や動力源を研究すればいい、と閃いたのである。

京都大学大学院から名古屋大学大学院へと妄想の旅は続く

理論物理学を学ぶなら、なんといっても京都大学だ。ノーベル賞を受賞した湯川秀樹と朝永振一郎という偉大な理論物理学者を輩出した京都の名門だ。「よしっ、京大で理論物理をやろう」と決意したはいいが、京大の大学院は、日本中の優秀な大学生が狙う狭き門だった。しかも、東北大の天文学科ではハンデが倍増する。「諦めろ。合格するはずがない」と、またもや周囲の反対に遭う羽目になった。

でも、逆境に突き落とされれば、僕の妄想力にますます磨きがかかることは実証済みだ。

仙台の街はもう飽きた。今度は、芸妓さん・舞妓さんがしなりしなり歩く京の都で楽しく暮らす自分の大学院生姿を、夜な夜な妄想し始めたのである。

妄想に妄想を重ねて迎えた入試初日は筆記試験。ほとんど全滅だった。ドイツ語の試験まであり、「こりゃ駄目だ」と半ば観念した。翌日の面接試験に臨むと、京大が誇る理論物理の有名教授連がずらりと並んでいる。当然、前日の筆記試験の採点は終了しているはずだ。僕が座席に座ると、教授たちの視線が集中し、「なんで、君みたいな学生がここにいるんだ?」と、どの顔も語っていた。その中の一人が他の教授たちを代弁するつもりだったのか、「どうしてこの問題が解けないの?」と言い出す始末だった。最後の質問は、「合格したらどの研究室に入りたいのですか?」。「聞くだけ聞いておいてやるか」の本心が見え見えの問いであることは、すぐに分かった。

「もう落ちた」と諦めたときだった。何の気なしにテーブルの上にのっている教授たちのネームプレートを見やると、一人だけ名前を知らない若い助教授が居眠りしている顔があった。「よしっ！」と意を決した僕は、「○○先生の研究室に入りたいと思います」と無名の助教授を名指ししたところ、助教授はバネ仕掛けのように背筋をピンと伸ばし両目を大きく開いたのだ。後で聞いたところでは、この助教授が学生に指名されたのは初めてであり、「この学生を育ててみたい」と、僕のために他の教授たちにペコペコと頭を下げてくれたのだという。

こうして妄想が三度《みたび》実現したのは、やっぱり祖母のお陰。実は、陰陽師の大事な教えを忠実に実行したからこそ、僕のようなどん尻の受験生が面接試験を突破できたのである。その教えとは、「みんなが選びそうなものは避けよ」だ。お婆ちゃんが僕に授けてくれた秘伝の一つだったのである。

この若き助教授の下で、僕の大学院生活は始まった。ところが、この助教授は「京大に君を入れてやったのは、この俺だ。これからは俺の言うことをよく聞けよ」と恩着せがましい輩であった。しかも、その研究室でやらされることといえば、助教授が取り組んでいる理論を重箱の隅を楊枝でほじくるように検証するという、実につまらない作業である。

「僕はこんなバカげたことをやるために、京大が誇る天下の理論物理を学びにきたわけじゃありません」と、僕はとうとう叛旗を翻したのである。

「じゃあ、君は何をやりたいんだ？」と助教授が聞くので、僕は「アインシュタインや湯川先生のように理論物理の新理論を考え出したいのです」と大きく出たのだ。まさかこの場面で、「ＵＦＯ・宇宙人をやりたい」などとは口が裂けても言えない。

この指導教官とは廊下ですれ違っても挨拶もしないほど関係が悪化し、「このまま京大の大学院に残っても博士号は取れないだろう」と思い始めた。ＵＦＯ＆宇宙人にこだわらないで自分が本当に好きになれそうなテーマを探そうと、僕は数学科の研究室にも顔を出すようにしたのである。

幸い、数学系の教授には目をかけられ、僕の数学のレベルも上がった。暗中模索の日々を送るうちに、電子や原子といったミクロの世界を研究する量子物理学をやろうと考えるようになったのである。この分野では湯川秀樹という泰斗が京大におられたのだが、湯川先生はすでに退官され、しかも車椅子の御姿であった。ちょうどその頃、湯川先生とも交流がある物理学者の高林武彦先生が名古屋大学で教鞭を執っていることを知り、名古屋大学大学院に狙いを定めた。ありがたいことに、ここの大学院は他校からの編入を認めていたのである。

僕の妄想力のターゲットは、京都から名古屋へとシフトした。高林先生は、フランスの物理学者でノーベル賞受賞者のルイ・ド・ブロイと親しく、共著論文もある。だから、僕は高林先生の指導を受け、次にフランスへ渡ってド・ブロイ先生の下で研究するバラ色の学究生活を妄想したのである。

編入の定員は、わずか一人。試験当日、名古屋大の会場には「一人枠」を狙って、全国から十数人の受験生が来ていた。彼らと会話しているうちに、「君は京大の大学院にいるのに、どうしてそのまま博士課程に進まないんだ。わざわざ名古屋大に来て、俺たちの道を塞《ふさ》ぐことはないだろう。この受験に失敗したら、修士課程までしかない大学にいる俺たちは博士号を諦めるしかないんだぜ」と非難ごうごうだった。

それでも、僕は編入試験を受けた。編入試験は面接と口頭試問だけで、僕一人が合格する結果となった。どうやら、僕の履歴書が功を奏したらしい。選考会議のメンバーの一人が東北大の出身者で、「東北大の天文学科に進めるのは、教養部の物理系200~300人のうちのわずか5人です。しかも、この学生は東北大を卒業して、京大大学院に合格し理論物理を勉強している。きっと秀才に違いない」と他の教授陣にアピールしてくれたのだった。僕は、他の十数人の受験生を踏み台にして、妄想を実現させた。

晴れて名古屋大学大学院に編入し、「さあ、夢へ一歩近づいたぞ」と喜んだのも束の間で、理論物理学の研究室は、どこも「オーバードクター」状態だった。博士号を取っても職が見つからず、研究室に残る先輩たちであふれ返っていたのである。京大も同じだが、理論物理の世界は全国的にそんな状況だった。

せっかく高林教授の研究室に入り、8編の論文を書き上げアメリカの物理学会や数学会の雑誌に掲載してもらうほど僕の研究は順調だったのに、「俺の将来は一体どうなるのだろう」と、前途にまたもや暗雲が垂れ込めた。

そんなある日、僕は先輩たちに共通するある行為に気づいた。当時はパソコンがなかったので、彼らは暇を見つけてはタイプライターをパチパチ打ちながら英文の手紙をせっせと作成していた。ひな形、いまでいう書式テンプレートが決まっているらしく、文面はどれも同じである。

「私は博士号を取得したばかりの駆け出しの物理学者です。私の研究テーマは○○

○で、日本でも高く評価されています。ご興味がありましたら、○○先生の研究をお手伝いさせていただけませんか？」。こうして、自己PR文に論文のコピーを添え、欧米の有名な教授にエアメールで送りつけるのだ。
「なるほど、その手があったか！」と僕は膝を打ち、早速先輩のテンプレートを拝借した。ただ、当時の僕は博士課程の2年だから博士号を持っていない。でも、取得してからアクションを起こすのでは遅すぎると思い、博士号を取ったばかりだと嘘をつくことにした。

手紙を3通仕上げたところで何だかバカバカしくなりやめてしまったが、書き上げた3通には論文8編を添付して3ヶ所に送付した。それから3ヶ月ほど経った6月頃だった。名古屋大の学長事務室のお爺さんが物理教室に突然現れて、「保江邦夫博士ってのは誰だ？」と叫ぶのだ。「ハ～イ」と返事をすると、「おお、君がドクター保江か」と、学長宛てに届いた国際電報を手渡してくれた。

「名古屋大学・理論物理学のドクター保江邦夫さま」宛ての電報を開封すると、省略したような読みにくい英文で書かれていたので、留学経験のある先輩に読んでもらったところ「9月初旬に来られるのであれば、当大学で研究の場を与える」とある。差出人は、3ヶ月前に自己PR文を送ったうちの一人であるジュネーブ大学のエンツ教授だった。

その瞬間、嬉しさが込み上げる前に「これは、やばいっ!」と思った。学位も取得していない僕は、下手をすれば学歴詐称で訴えられる。すぐに、高林先生のお宅に駆けつけ電報をお見せした。

「ああ、ジュネーブ大学のエンツ教授ですね。知ってる知ってる。彼の所で研究できるのは、君の将来にとって大変有意義なことです」と、手放しで喜んでくださった。僕は「あの先生……、実は学位をまだ取っていないのですが、取ったことにしちゃったのです」と真相を打ち明けた。雷を落とされるかと思いきや、「それは大変だ。すぐに手続きしよう」と、高林先生は普通であれば半年かかるところを、他の教授たちを訪ねて捺印させ公聴会も済ませてわずか2ヶ月で学位を取らせてくれたのだ。この先生は僕にとって、生涯の恩人である。

ジュネーブ大学時代に聞いたエクソシストの驚くべき話

慌ただしく準備を終えた僕は、すぐにスイスへ旅立ち、ジュネーブ大学に無事着任した。まず驚いたのは給料で、当時の日本人の初任給の7倍である。お陰でセレブな暮らしを満喫することができた。ある日、教授が自宅に招待してくれ、日本では味わったこともないような美味しいワインを酌み交わしていたときだ。

「君ね、そんなに真面目に研究しなくてもいいよ。滞在中は、スイスをゆっくり観光してくれたまえ」と、その教授が言い出したのである。妙なことを言う先生だなと思い、その理由を尋ねてみた。すると、本当はその年の初めに優秀なスイス人が僕のポストに就くことが決まり、9月に赴任する予定だったそうだ。ところが、そのスイス人はそのポストを袖にしてアメリカへ行ってしまったのだ。きっと条件がよかったのだろう。当てにしていたスイス人にドタキャンされた教授は、大いに慌てた。ポストが空けば、当然ながら予算を削られてしまうからだ。

教授が大学側と交渉した結果、「1週間以内に代わりの人材を見つければ、いままでどおりに予算を付ける」ということになった。そこへ届いたのが、茶色い封筒の漢字まじりの妙な手紙だったのだ。開けてみると、名古屋大学とかいうところで学位を取得したばかりの日本人らしい。海外で職を探しているようだ。8編の論文も添えられていることだし、「よしっ、こいつにしよう」と僕に白羽の矢が立ったのだった。

僕は、全く期待されていなかったのだ。前途洋々とした若き日本青年が現れても、「適当に観光見物でもして帰国してくれ」とでも考えたのだろう。でも結局、僕はジュネーブ大学に4年間在籍した。たとえ、当てにされていなくても、黙々と研究に励んだ。そのお陰で、いろんな知識を蓄積することができた。ジュネーブ時代がなければ、保江方程式も日の目を見ることはなかったと思う。物理学のすごい先生にも会えたし、スイスへ行って本当によかったと思う。これも、祖母が授けてくれた妄想力の余得だろう。

ジュネーブ大学の社会学部教授で神父でもあったドゥ・ロービエ氏との出会いも、僕にとっては忘れられない思い出だ。当時、僕が物理学や数学を指導していた教え子が、「ボクの恩師であるドゥ・ロービエ神父を、先生に紹介したい」というので、ランチを共にすることになった。

当時の僕は、キリスト教はもちろんこの世界宗教に裏打ちされた欧米文化にはまるで無関心だった。「入信を勧められるのは嫌だな」と内心思いつつ、ランチテーブルを挟んでドゥ・ロービエ神父と向かい合ったのである。柔和な表情を見せつつも時折鋭い眼光を発する神父を相手に一体どんな話をすればいいだろう、と僕は目の前の牛肉料理をせっせと口に運びながら考えていた。

その頃はちょうど、『エクソシスト』という衝撃的なオカルト・ホラー映画がアカデミー賞を獲得し世界的にも話題になっていたこともあり、はたと脳裡に質問が閃いた。

「エクソシストというハリウッド映画が世界的にヒットしているようですが、ご覧になりましたか？　あのような荒唐無稽の作り話が広まってしまい、神父様やバチカンはさぞお困りでしょう？」

「そうですね。本当に困ったものです」といったドゥ・ロービエ神父の答えを予想していた僕は、それまで笑みを浮かべていた神父が急に真顔になったのに気づいた。

「バチカンが困っているわけではありません。ただ、あの映画で描かれている悪魔祓いの神父の姿は、実際からは大きくかけ離れています」と、神父は周りに聞こえないように身を乗り出し、小声で淡々と語り始めたのである。

神父によると、エクソシストと呼ばれる悪魔祓いの祈祷師はカトリックにもプロテスタントにも存在するという。カトリックの場合、エクソシストの所在はバチカンに鎮座するローマ教皇とこれを補佐する数人の枢機卿と司教しか把握していない。要は、世界に散らばる無数の神父のうち、どの神父がエクソシストなのかは誰も知らないのだ。

『エクソシスト』で少女に乗り移った悪魔に戦いを挑むメリン神父は謹厳実直・意志堅固を絵に描いたような敬虔な神父であるが、実際のエクソシストはそれとは真逆の人間だという。

テーブルの向かいに座っていたドゥ・ロービエ神父は立ち上がると僕の隣席に移り、さらに声をひそめた。

「エクソシストの正体を隠している神父は、毎晩のように飲む・打つ・買うの限りを尽くす人間です。彼が司祭を務める教会の信徒は、みんな戒律破りの破戒僧だと思っています。当然ながら、悪徳神父の許しがたい所業はバチカンにも報告されるのですが、なぜか更迭されることもなく教会に居座り続けるのです。信徒は櫛の歯が欠けるように減り続け、しまいには教会はクモの巣だらけのがらん堂となります。それでも、神父は男の道楽を毎晩続けるのです。その意味、お分かりでしょ？」

なるほど、たとえ信徒がいなくなり献金が途絶えても、バチカンにあるカトリックの総本山からは定期的に潤沢な「活動資金」が送られてくるというわけだ。本物のエクソシストは、マックス・フォン・シドー演ずるメリン神父のようにスリムで清潔な身なりとは正反対の、無精ひげを生やしぜい肉だらけの身体からアルコールの臭いがプンプンするような肥満体なのだろう。

世界のどこかで悪魔の仕業と思われる異常現象が報告されると、ローマ教皇がエクソシストの派遣を側近に命じる仕組みになっているらしい。いよいよ、クモの巣教会に住まう堕落神父の出番である。脂ぎったエクソシストは現地に乗り込み、悪魔との死闘に臨むのだ。飲まず食わずの戦いが何日も続くことは当たり前。悪魔は家具を動かす、物を投げつけるといったポルターガイスト現象を引き起こすので、エクソシストは組んずほぐれつの大喧嘩を覚悟しなければならない。メリン神父のようなスリムな身体よりも、ぜい肉たっぷりのデップリ型のほうが格闘には有効であるのは言うまでもない。

「悪魔を追放し戦いに勝利した神父は、別人のようにげっそりとやせた姿で魔窟から出てきます。次の戦いがいつになるかは誰にも分かりませんが、神父は古巣の教会へ戻り、再び飲む・打つ・買うで体力を蓄えるのです」

エクソシストの本当の姿を語り終えたドゥ・ロービエ神父は、最後に僕に向かってニコリとウィンクしてくれた。

エクソシストが日頃から「男の三大道楽」を励行?するのは、体力をつけるというよりも悪魔の誘いに負けないためだと思う。生真面目な神父では、甘いささやきに思わず頭がくらくらし、魔が差して神様を裏切る羽目になることもあろう。その点、普段から堕落の極致に身を置いている「背徳神父」であれば、さすがの悪魔も「こいつは強敵だ！」と舌を巻くに違いない。

ドゥ・ロービエ神父のお陰で、毒をもって毒を制す悪魔退治の秘儀を現代まで伝えてきたカトリック総本山のしたたかな戦略を垣間見ることができた。

今年公開された映画『ヴァチカンのエクソシスト』は、実在したエクソシストを描いた作品だ。主人公は「エクソシズム界のジェームズ・ボンド」と呼ばれるほどの実力ナンバーワンの神父だが、対戦する悪魔はボンドが手こずるほどの最強悪魔である。神父を演ずるのはラッセル・クロウ。容貌といい体格といい、道楽に身を持ち崩しながらも悪魔と格闘する神父役にはピタリとはまる俳優だと思う。

こうして昔を顧みると、僕の人生も映画のストーリーのようだ。奇跡がよくも続いたものだとつくづくと思う。子どもの頃から綱渡りの人生を送って一度も転落しなかったのは祖母の幼児教育の賜物である。どこかで綱がぷつりと切れていれば、僕の人生は全く異なった様相を呈していたことだろう。僕の右脳に叩き込まれた陰陽師の秘伝が、後年になって処世術として生かされたのだ。

「自分が将来なりたい姿を毎晩妄想する」「人が選んだ道は選ばない」など、陰陽師の秘伝はいくつもある。祖母が教材として使った和綴じの絵本は消滅してしまったが、記憶に残る秘伝の数々を紹介していくことが僕の使命だと思う。だから、この本を手に取ってくれた読者は、意識が明瞭な時間にページを繰って内容を理解し、いざ実践するときは半醒半睡の時間帯を選ぶことである。

七田眞が創始した七田式教育も幼児から実践する右脳教育である。この創始者は絵本の読み聞かせはもちろん、妄想力を培うことの重要性にも気づいていた。例えば、お母さんが癌に侵されれば、その子は当然ながら悲しむだろう。そこで七田式は、

「ボクが小さくなってお母さんの身体の中に入り、癌細胞をやっつけるんだ」と、お母さんの隣で眠りながら妄想するように指導する。すると、お母さんの癌が本当に消えてしまうことがあるのだ。昔のSF映画に『ミクロの決死圏』という作品がある。医療チームを乗せた潜航艇を超ミクロ化して血管に注入し、体内の病巣を見つけて取り除くというストーリーであるが、この潜航艇と同じように、お母さんの体内に入り込んで癌細胞を焼き尽くすイメージを子どもに抱かせるのが七田式である。

まさに、陰陽師の右脳教育と同じだ。この創始者は島根県の出身。もしかすると陰陽師の末裔かもしれない。赤穂事件で散り散りになった播磨陰陽師が島根に落ち延びた可能性は、充分に考えられる。

朱雀の章

お墓を購入したお寺は、なんと姫路城の殿様の菩提寺だった

話はまた横道にそれるが、つい最近、僕は東京・白金の事務所近くのお寺に墓地を購入した。もともと保江家の墓所は岡山の和気に立つ大きなお寺にある。ただ、その寺は岡山市から車で1時間ほどかかる辺鄙《へんぴ》な山中にあり、春先になると毒蛇や猪が出没する恐ろしい場所なのだ。

僕の代まではなんとか墓参りできるが、僕がいなくなったら東京にいる娘たちは墓参りを嫌がるだろうな、と常々考えていた。お寺の住職にも何度も墓じまいを勧められたので、以前から東京に墓所を求めていたのだ。問題はお墓のお値段だった。白金といえば、東京の一等地だ。岡山の相場と違い桁外れに高いだろうなと不安は募るばかりであった。

しかし、ある日の朝、「よし、今日は墓を買おう」と急に思い立ったのだ。事務所

から5分ほど歩いた場所に、ポツンとお寺が見える。周囲からはよく見えない、ひっそりとした佇まいであった。

実は、このお寺を紹介してくれたのは近所で小料理屋を経営するオバちゃんで、8年前、白金に事務所を構えてからこの店に時々通うようになった。オバちゃんは相馬市（福島）の出身で、若い頃に上京して、御主人と小料理屋を開いたのである。

ところが、御主人は僕が東京に出てきた半年前に、近所でタクシーにはねられて亡くなってしまった。

葬式を終え、タクシー会社との話し合いも決着がついてしばらく経った頃、近所の顔なじみが「お坊さんが、あんたの御主人が亡くなった場所で両手を合わせていらっしゃるよ」とオバちゃんに教えてくれたのだ。

オバちゃんはすぐに事故現場に向かったところ、確かに僧侶が一人、かがみ込んで合掌しているではないか。よく見れば、店近くにあるお寺の御住職だった。

「用事を済ませ、たまたまここを通りかかったところ、まだ成仏されていない御仏がいらっしゃったので、たったいま成仏のお手伝いを済ませたところです」と住職。

「あっ、それ、うちの主人です」

「そうでしたか、やはりこちらで事故に遭われて……。でも、もうご心配は無用です。無事に浄土へ旅立たれましたから」

突然の事故で、御主人の霊は自分が死んだことに気づかず、現場近くを彷徨《さまよ》っていたのだろう。残された愛妻が気がかりだったのかもしれない。

この一件があって、オバちゃんはこの住職がすっかり気に入って、そのお寺さんに墓を購入した。オバちゃんからその話を聞いたのが、ちょうど8年前。それがある日突然、「よし、オバちゃんのお寺さんに墓を買おう」と思いついたのである。その日の午後2時頃だったたか、お寺を訪ね恐る恐るチャイムを鳴らすと、若奥さん風の女性が取り次いでくれた。

しばらくすると、作務衣姿の住職が現れたので、「こちらの土地にもし余裕があれば、分けていただきたいのですが……」と用件を伝えたのである。僕は自分の名前を名乗ることも忘れるほど緊張していた。

「いいですよ、まずはご覧になりますか」と、住職は御本堂裏の墓地に案内してくれた。そこは、実に素晴らしい場所だった。都会の喧騒とは無縁の小高い所にある明るい墓地で、上を見上げれば３６０度の青空をさえぎる建物は何もない。

見渡すと、墓地内にはポツンポツンと土地が空いている。「空いてる所でよろしければ、好きな場所を選んでください」と仰る。一番奥の小高い所には巨大な自然石の立派なお墓が3基並んでいた。その手前に、ちょうどいい広さの土地が空いていた。僕はそこが一目で気に入り、「ここでもよろしいですか？」と聞くと、「もちろん。ここはこのお寺で一番良い場所ですよ」。その一言で、僕は即決した。

「ここに決めます」と言ったはいいが、まだ価格を聞いていない。「ちなみに、お値段はいかほどでしょうか？」とこわごわ聞いたのである。万が一、0が7つ並んだらどうしよう、と冷や冷やしていた。

「永代供養ですね。この面積だと〇〇〇円になりますね」。住職が提示してくれたのは、「えっ」と拍子抜けするほどの価格で、「岡山価格」並みのお値段である。僕は思わず、「あの～、本当にそのお値段でよろしいのですか？」と問い返したが、「はい。ここは少しいわく付きの場所ですので。あなたがここを選んだのも何かの御縁でしょう」と住職。

翌日の午後、契約のために再びお寺を訪れると、袈裟をまとった住職が御子息とともに待っていた。奥の部屋に招じ入れられ手続きに臨み、僕は初めて名前と氏素性を明かしたのである。すると、「47年この寺で住職をしてますが、アポなしで突然やって来てお墓をその場で購入されたのは、あなたが初めてです。よほどの御縁なんですね」と住職は驚いていた。

僕は近所の小料理屋で御住職のことを聞いたと経緯を伝え、「いや実は、私の先祖は播磨陰陽師の血筋を引いていまして……」と話を切り出したところ、御住職と御子息が顔を見合わせ、びっくりした表情を見せたのである。なんと、そのお寺は姫路城のお殿様の菩提寺だったのだ。

僕が買い求めた墓所の背後にそびえる巨大な自然石のお墓は、姫路城のお姫様のお墓だったのだ。なんでも、参勤交代のときに江戸で亡くなったらしい。しかも、『47RONIN』でキアヌ・リーブス演じた48番目の志士のお墓も、このお寺にあったのだ。

この志士は討ち入りに間に合わず切腹を免れ、その後は泉岳寺で自害した四十七士の霊を弔いながら、ずっと墓守を続けた。最期は自然死を迎えたらしいが、赤穂藩士だったため姫路城のお殿様の菩提寺に葬られたそうだ。48人目の志士の存在を知っている忠臣蔵ファンは、時折その墓所に花を手向けにくるという。

僕の先祖が播磨陰陽師の首領だと知った住職は、「そういう御縁でウチの寺に来られたのでしたか。あの世で御仏が指図されたのでしょうね……」と妙に感慨深げであるが、僕はそんな因縁があったとは露ほども知らなかったのだ。

普通に考えれば、岡山の墓所を墓じまいしてわざわざ都心のお寺に墓所を求めようとはしないだろう。実は、この近隣には別の寺があり、そこには伯家神道の中興の祖で明治天皇に祝之神事《はふりのしんじ》を授けた高濱清七郎先生の墓所がある。

そこも巨大な自然石のお墓で隣が空いているのでその場所に僕のお墓を、と考えたことがある。でも、偉大な存在の隣に僕ごとき人間が並ぶのは、あまりにもおこがましいことだ。それに、高濱先生の隣の墓所は目の玉が飛び出るほどの値段で、とても手が出ない。

そんなときに脳裡をよぎったのが、この姫路藩主の菩提寺だったのである。僕のような一見さんに、住職はお寺で最高の場所を譲ってくださった。さらに永代供養の場合、通常は墓所購入後の2年以内に墓石を建てるのが決まりらしいが、「あなたの場合、ここへお入りになるのはまだまだ先ですから、気にしないで大丈夫ですよ。それまでは保江家のお札でも立てておきましょう」と住職は厚意を示してくださった。

もう一つ、偶然の出来事を付け加えておこう。墓所を購入したその4日後、僕の白金の寓居から歩いて15分ほどの場所にある別の寺には、僕が最も影響を受けた武術の名人である大東流合気武術宗範・佐川幸義先生が眠っていることがひょんなことから判明したのである。何年か前に都内某所の霊園から改葬されたのだが、僕はそれを知らずに名人の眠るお寺の前を頻繁に素通りしていたのだった。僕はこれから、2人の偉大な人間の墓守をしなければならない。

田布施システムではないが、先祖のネットワークが動き始めたのかもしれない。このところ、物事がトントンと実にうまく運んでくれるのである。

僕は小学2年までは優等生だった

冒頭でも触れたが、自分の家系に興味を抱き始めたのは、20代の頃だった。祖母はすでに他界していたし、法事で岡山へ帰省したときなどに、親戚のおばちゃんに先祖についてぽつぽつと教えてもらったのだ。初めは、「ウチは、赤穂の陽明学の学者の家系らしい」などと口を濁していたけど、少しずつ真実に近づいていった。

陰陽師の家系だと確信したのは、伯家神道の御神事に関わるようになってからである。あまりにも共通点が多いし、先代の巫女様に先祖のことをお伝えすると、「あっ、やっぱりそうやったの。だから、御神事で不思議なことが起こるのやね」と巫女様も何かを感じておられたようだ。

そんなやり取りから、巫女様は僕にいろいろと教えてくださるようになり、「ウチの先祖は陽明学者ではなく、陰陽師だった」と確信が深まったのだ。伯家神道の巫女様にお会いして以来、金縛りの脱し方くらいしか知らなかった僕から、必要に応じて陰陽師の技法がポンポン出るようになった。これも祝之神事の影響かもしれない。

幼少時に祖母の右脳教育を毎晩受けていたことは先述したが、祖母の目的は、将来僕が困ったときに陰陽師の技術を引き出せるようにすることにあった。

自分で言うのも何だが、僕は小学2年までは優等生で周囲からも羨ましがられる子どもだったのである。それまでの担任がずっと女性だったことが幸いしたのだと思う。4年になると担任が男になり、これが最初のつまずきの原因となった。この担任とはよく衝突したものだ。こちらが嫌いになれば向こうも嫌いになるのは自明の理で、それまで楽しかった授業にも身が入らなくなった。

授業中は黒板を見ず、窓の外、正確に言えば空ばかり眺めていたのである。当然ながら、僕の態度は先生の逆鱗《げきりん》に触れることになり、突然、「保江、答えてみろ」と襲いかかってくる。外ばかり見ているのだから答えられるはずがないと踏んだのだろうが、ところがどっこい、僕はいつも正確に答えるのだった。

腹の虫が治まらない先生は、とうとう祖母を学校に呼びつけた。

「お宅の子は私の授業を聞かず、外ばっかり見とる。分かっておらんと思い質問すると、ちゃんと答えることは答える。おそらく、周りの子に根回しして、小声で答えを教えてもらっとるのやろ。将来、ろくなもんにならん」

でも、僕は同級生に根回しするなんてずるい真似は一度もしたことがない。空を眺めて妄想していても、正しい答えがパッと口をついて出るのだから仕方ない。

この事件を機に、祖母は陰陽師教育を断念した。おそらく、「この子の妄想癖を早く直さないと、将来道を踏み外すことになりかねん」と祖母は判断したのだと思う。以来、僕は一人で寝るようになった。

でも、逆効果だった。一人で寝ると、よけいに妄想が激しくなるのである。例えば、台風が吹き荒れる晩など、なかなか寝付けないので妄想の世界に逃げ込むのだ。そこは、僕がヒーローになれる唯一の世界だから。

昼間は昼間で、授業が面白くないと思えば空を眺めて妄想する。中学校に上がると、妄想癖にますます拍車がかかった。1年365日、妄想しない日はなかったほどである。僕はどちらかといえば、現実世界ではなく妄想世界に生きてきた。

中学生のとき、こんな出来事があった。家と中学校の間に大きなスポーツ公園があり、中には大きな噴水付きの池がある。たまたま大雨で眠れない晩、僕はその池で泳ぐ自分の姿を脳裡に描いていた。次第に妄想か現実かの区別がつかなくなった僕は、深夜に部屋の窓からそっと外へ抜け出たのである。

ざんざん降りの中、雨合羽を羽織った僕は自転車で運動公園へまっしぐら。池にざぶんと飛びこんで泳ぐのだ。台風の季節だから、池はプールとなり、大雨はシャワー代わりだ。家に戻っても、何事も起こらなかったかのように平然としていた。

大人になってから気が付いたことなのだが、この運動公園はUFOが飛来することで有名な場所で、池の脇に着陸したこともある。日本のＵＦＯ研究では先駆け的な存在である高校の先生が岡山在住で、昔その人が自叙伝に「ＵＦＯを運動公園の池の脇に呼んだ」と書いていたのだ。

ひょっとして、俺もそこでＵＦＯに遭遇したのかもしれない、とも思った。三つ子の魂百までとよく言うけれど、お婆ちゃんが僕に授けてくれた陰陽師教育によって、僕はいまでも妄想世界と現実世界を行ったり来たりしている。

右脳教育というのは、実は妄想させること。陰陽師の最も大事な能力は妄想力である。すでに決まっている作法や知識で対処できるならいいのだけど、それでは間に合わない緊迫した事態に出くわしたとき、最後の手段となるのが陰陽師の妄想力なのだ。妄想によって道を切り拓く、つまり打開策を強烈に妄想すればいい。

陰陽師は妄想することによって、周囲の空間も変容させてしまう。人気マンガを生み出す漫画家は、例外なく妄想力が飛びぬけている。『ドラゴンボール』『ＯＮＥ

PIECE』『鬼滅の刃』など海外でもヒットする作品は、まさに傑出した妄想が現実化したものだろう。新海誠監督の『すずめの戸締まり』などは、現代の陰陽師そのものを描いている。

妄想を画像化し何十万、何百万の人々の心を揺り動かす巨匠と呼ばれるような漫画家は、陰陽師の血筋を引いているのではないかと思いたくなるほどだ。台湾はもちろん、中国や韓国にも日本アニメのファンは大勢いる。

オタクはありとあらゆるジャンルに存在するが、彼らも右脳をさかんに活用する人間だろう。ゲームオタクは、現代の陰陽師と言ってもいいくらいだ。オタクの世界で流行っているゲームには、画期的なSFアクション映画として爆発的な人気を呼んだ『マトリックス』の世界をさらに進化させたゲームがあるらしい。

オタクのネットエンジニアは、妄想世界をネット空間に実現させているということだ。インターネット上ではメタバース（3次元の仮想空間）が、あっという間に構築される。以前は妄想世界が現実化するには時間や労力がかかったが、最近ではオタクにかかればバーチャルなどすぐに実現する。

いま注目されているＡＩチャットボットも、オタク技術の粋を集めたものだろう。人工知能（ＡＩ）の文章力はいまでは大学生を超えたといっていい。昨年には、ＡＩを活用した小説が「星新一賞」に初めて入選した。この文学賞は人間以外の応募作品も受け付けているという。文章のみならず、イラストや写真でもＡＩの技術は欠かせない。

いまのＡＩの開発現場は、きっと凄いことになっているのだろう。最近では、関西の大学の研究チームが、脳の視覚情報を解読し、ほぼ見たままの画像を再現することに成功したと聞く。ＡＩはとうとう、人間の脳内に広がる複雑な回路を解明する技術を会得しようとしている。

早い話が、僕が脳裡に女性の裸を思い浮かべれば、その映像がＡＩに感知されすぐさまスクリーンに映し出されるということだろう。こうして、ＳＦの世界がどんどん現実化し、陰陽師風にいえば、人の妄想が他者に筒抜けになるのである。

　そういう恐ろしい技術を開発した人は、学者というよりもオタクと呼ぶべきだと思う。アインシュタインや湯川秀樹といったノーベル賞級の学者は妄想力が図抜けているが、一般的な学者は真面目でコツコツ努力する積み重ねタイプ。世間をあっと言わせるような発見にはあまり縁がない。だから、脳内情報の映像化を実現した人間は、超オタクと言っていい。

　このままＡＩが日進月歩で変貌していけば人間はいずれＡＩの支配下に置かれることになる、という懸念が広がっている。でも、僕はそうは思わない。この世界で、人間を本当の進歩へ導こうとしているのは陰陽師である。だから、陰陽師の素質があるオタクが存在する限り、人間がＡＩに屈服することはない。オタクの上にも超オタクがいて、それが陰陽師の役割を立派に果たしてくれると思う。

渡辺和子シスターに教えていただいた「7歩」の秘伝

現代に生かせる陰陽師の技法について、少し語ろうと思う。まずは、北斗七星。天の中央にあって動かない北極星（北辰）の周りをぐるりと回るのが北斗七星で、陰陽師にとっては神様に等しい存在である。古来、天帝とも称され地上においては皇帝の星とされた北極星と北斗七星が神格化したのが、鎮宅霊符神である。その力を頂いて作った呪符が鎮宅霊符で、安倍晴明も活用したといわれる。

ちなみに、中国の泰山に住み人の生命や禍福を司ってきたのが泰山府君で、もともとは道教の神様だった。これが日本に入ると、陰陽道の主祭神となった。天皇や貴族、武家から厚く信仰され、「泰山府君祭」がたびたび行われた。

鎮宅霊符神は北辰信仰・北極星信仰である。夜間に天体を観察すれば分かるのだが、すべての星座は、北極星の周りを回っている。地球の地軸（自転軸）はやや斜めに傾いていて、その地軸の北側の延長にあるのが北極星であり、天文学の世界ではこぐま座のα（アルファ）星と呼ぶ。

北極星と同じ方向に見えるところに少し暗い星があるのだが、これが大変重要な星で、北辰信仰ではこの星を祀るのである。北斗七星は、北辰信仰における道標的な存在だ。北斗七星は柄杓《ひしゃく》の形をしており、その先端にある二つの星の間隔を5倍に延ばせば北極星に当たる。

北斗七星は天帝の周りを常に回りいつも天帝を向いているので、古代から重視されてきた。陰陽師もさまざまな場面で北斗七星を活用する。例えば、陰陽師である楠木正成は、愛刀の柄《つか》に、陰陽師の象徴である北斗七星を刻印していたといわれている。

次に禹歩《うほ》。禹歩と北斗七星は密接な関係にある。禹歩の「禹」は、中国の最初の王朝とされる夏《か》王朝の帝王である。治水の神としても知られる禹は中国版の陰陽師でもあり、禹が用いた特殊な歩法が日本に伝わり陰陽師の技法として定着したのだ。

例えば、敵対する相手と対峙したとき、無造作に近づいては危険である。北斗七星の星の数に合わせ、柄杓の形に歩を進めるのだ。柄の先端に1歩踏み出し、2歩、3歩、4歩、5歩、6歩、7歩。杓の先が相手の直前にくるように近寄るのである。2歩目から5歩目までは、わずかに右へずれていく。狭い場所で右にずれることができない場合には真っすぐに進み、必ず7歩で相手に近づく。

ノートルダム清心女子大学の学長だったシスター・渡辺和子さんは、小学生のときに二・二六事件に遭遇し、父君の陸軍大将・渡辺錠太郎教育総監が青年将校によって撃ち殺されるのを至近距離で目の当たりにした。

僕の「名誉母親」でもあるシスターが生前、こんなことを教えてくれた。当時、シスターは講演者として引っ張りだこで、各地の講演会場には常時数百人もの聴衆が押し掛けたものだ。

ノートルダム清心女子大学に籍を置いていた頃、僕は構内でシスターの講演を聴いたことがあるのだが、シスターが登壇すると、ざわざわと落ち着かない会場が一瞬の内に静まり返るのである。そのまま講演が終わるまで、聴衆は静かに耳を傾けているのだ。これが、他のシスターや神父であれば、会場のざわめきは最後まで消えることはない。

「名誉息子」である僕は、ある日シスターを食事にご招待した折に聞いてみた。

「講演会でシスターが壇上に上がると、ざわついている会場がシーンとなりますよね。僕はあれがずっと不思議でした。何か秘訣はあるのですか」

すると、シスターは急に改まり、「先生にだけはお教えしましょうか」とニコリと笑みを見せた。

「7歩です。私が控えている舞台の袖から演壇まで必ず7歩で歩くのがコツです。どの会場でも歩数は変わりません。7歩で演壇にたどり着ければ、聴衆全員の心を私の手中に収めることができます」と秘伝を明かしてくれたのだ。

会場によっては演壇までの距離はまちまちだが、近いときは歩幅を小さく、遠いときは大股で歩く。さらに、音を立てることも重要だという。「運動靴ではいけません」。講演に臨むシスターが高い金属製ヒールの革靴をいつも履くのは、そのためだ。カツカツと、歩くたびに7回音を発しないと効果はない、とシスターは仰せである。

陰陽師でもないシスターは、秘伝の歩法を経験的に身に付けたのだろうか。僕は、父君の錠太郎氏が少女時代のシスターに教えたのではないかと思う。渡辺錠太郎は陸軍大学校を首席で卒業した陸軍の逸材であり、二・二六事件当時は教育総監だった。

シスターによると、陸軍に航空隊を創設したのは父君だったという。渡辺は新しい武器として飛行機が初登場した第一次世界大戦の終結後には視察で欧州を訪れ、「これからは戦争が変わる」と痛感し、陸軍航空隊の創設を軍の上層部に進言したのである。また、渡辺は「非戦平和」を唱える、陸軍きっての良識派としても知られていた。

それだけ頭のいい方だったのであれば、禹歩を知っていたのかもしれない。シスターが子どもの頃、就寝時には父君がよく絵本を読み聞かせてくれたそうだ。そんなときに、「7歩は大事だから覚えておきなさい」とでも言われたのだろうか。

禹歩と北斗七星のさまざまな効能

シスターに7歩の秘訣を教えていただいた当時、僕はまだ禹歩という言葉を知らなかった。禹歩と北斗七星が直結したのは、白金に居を構えてからだ。船井幸雄さんが亡くなったあと、御子息の勝仁さんに講演を依頼されたことがある。精神世界ではよく知られている『黎明』の著者である葦原瑞穂さんと一緒に引っ張り出された。

僕はそこで、「生活の知恵」についてのワークショップを開いたのである。主なテーマは介護の仕方。当時は介護職がいまほど世の中に浸透していなかったので、自宅で介護に戸惑う人が多かった。だから、僕は寝たきりの人の起こし方・抱き方について実演しながら説明したのである。

参加者の中に、「寝たきりの義父の介護で疲れ果ててしまいました。私の足が義父の寝ている部屋のドアへ向かおうとしてくれません」と、介護のストレスを訴える女性がいた。左脳では嫁として面倒みなければならないと分かっていても、右脳がそれを拒否する典型的なパターンだと思った。

実際には、お義父さんの部屋のドアを開けてしまえば、手際よく世話をすることができるらしい。でも、翌日になると身体が動かなくなってしまう。「身体の抵抗が日に日に強まっている気がします。何か良い方法があったら教えてください」とこの女性に質問されたのである。

そのときに、僕の脳裡にふっと北斗七星という言葉が湧いたのだ。次の瞬間、「お義父さんの部屋まで、北斗七星の形を足でなぞるように歩いてみてください」というアドバイスが口をついて出たのである。その場は何とか収まったものの、口から出まかせみたいなものだ。そのあと、僕は後悔しきりであった。「この人、次回のワークショップは休んでくれないかなあ」と本気で願うほど顔を合わせたくなかったのである。

ところが、次のワークショップに現れたその女性は、僕のところに来て頭を下げるのだ。

「ありがとうございます。先生の教えのとおりに北斗七星の形で歩いたら、何の抵抗もなくスッスッと義父の部屋まで行けました。お陰さまで、毎日わだかまりなく義父の世話をすることができるようになりました」と報告してくれたのである。「あっ、効くんだ！」と、僕は思わず膝を叩いた。

「よし、それなら俺も試してみよう」と思い立ち、早速道場で弟子を相手にこの秘伝7歩を試してみた。少し距離を置いて、身体の大きな弟子を立たせる。最初は、そこへ真っすぐに突き進んで技をかけようとするのだが、技が効かない。ところが、秘伝7歩を使って身体を近づけると、いとも簡単に技がかかり弟子はコトンと倒れた。

次に、僕は「いいか、今度は俺が変な動きを見せるから、それをよく見て対処しろよ」と弟子に言い含めておいてから秘伝7歩を使ってみたが結果は同じで、弟子は再びコトンとひっくり返った。こうくると分かっていても、全く抵抗できない状態に陥るらしい。

「すごいな!」と改めて感じた僕は、「これひょっとして、世間ではよく知られたことかな」と思い、「北斗七星の形」「歩く」とキーワードをいくつか入力してググってみたところ、「禹歩」が出てきたのである。古代中国の禹という帝王が、難攻不落の敵の砦に攻め込むときに、北斗七星の形に陣形を敷きながら落としたといった情報が紹介されていた。

僕が若かった頃にある武芸の名人の下で一緒に修行した古い知り合いも、「八卦掌という中国武術にも、禹歩を取り入れた歩法がありますよ」と教えてくれた。その直後に、「そういえば、おばあちゃんの和綴じの絵本にも北斗七星が出てきたな」と思い出したのである。「なんや、これは陰陽師の技だったんだ」と。

今度は、禹歩の情報をまた道場で吹聴する。道場にはサラリーマンはもちろん、いろんな職業に就いている人が通ってくる。師匠の話を聞くと、彼らも早速禹歩を試し始めたのだ。

営業マンの弟子が、禹歩効果をすぐに報告してくれた。どうにかして攻め落としたい会社があるのだが、そこの営業部長がなかなか会おうとしないで困っていたという。「今度は禹歩を使おう」と心に決めたこの弟子は、まずその社屋の正面玄関の自動扉までを禹歩で近づき、次にその入り口から女の子が座る受付までも禹歩で行った。

「すみません、〇〇営業部長さんにお会いしたいのですが」と伝えたところ、いつもであれば何かと理由を付けて断ろうとするのに、なぜかその日に限って「分かりました。少々お待ちください」と取り次いでくれたのだ。

健気《けなげ》な弟子は、「どうぞこちらへ」と案内された立派な応接室に入るときも禹歩を使った。思い焦がれた営業部長に、そこで初めて会えたのである。ところが、営業部長が登場しソファから立ち上がって名刺交換したものの、距離が近すぎて禹歩が使えない。再びソファに腰を下ろした彼は、ソファの縁《へり》で手指を使って禹歩を実行したのである。

足の代わりに手を使った禹歩とは、恐れ入ったものだ。指をもぞもぞ動かすだけだから、営業部長に感づかれることもない。この苦肉の策が奏功し、商談成立となった。嘘みたいなホントの話である。

この弟子の機転によって、足が使えなければ手を使えばいいと分かったのは大きな収穫だった。稽古中に座り技や寝技に手の指で禹歩を使ってみたところ、効果てきめんであった。座った状態で相手に押さえ込まれたり、仰向けになったところを相手にのしかかられたりした場合、畳の上でトントントントンと北斗七星に指先を這《は》わせればいいのである。

『北斗の拳』は1980年代の人気マンガだが、主人公ケンシロウの筋肉隆々とした胸にも、北斗七星が刻印されていた。ケンシロウが使う一子相伝の暗殺拳・北斗神拳の最終奥義となる技の名前も「北斗」を冠している。敵の経絡《けいらく》秘孔（ツボのこと）を北斗七星の形に突くと、相手は内部から破壊され死に至るのである。原作者もきっと陰陽師に違いない。

北斗七星は、我が道場でブームになった。酒好きの弟子が、カウンターに置いてあるマイボトルに手を伸ばすときに指先でトントントンと禹歩を使うと酒の味が変わると勧めるので僕も試したが、こればかりはあまり変わらなかった。

でも、中国では毒消しに禹歩が使われたらしい。誰かが献上した飲み物に毒が盛られていることもあったのに違いない。しかし、献上してくれた相手の前だ。礼を失してはならない状況で下手な動きは見せられない。そういう切羽詰まったときは、指先をトントントン。毒はたちまち消えたということだ。

平安時代のナンバーワン陰陽師である安倍晴明も、当然ながら北斗七星の効用を知り抜いていた。晴明の死後、一条天皇の命によって創建されたのが、京都の晴明神社である。昔の京都御所は、晴明神社の北側にあった。何度も火災に遭い再建を繰り返すうちに、今の位置に落ち着いたのである。晴明の屋敷跡に建てられたとの説がある晴明神社は、そもそも御所の南の護りだった。

晴明神社の二の鳥居をくぐってすぐ右手に「晴明井」と呼ばれる井戸があり、晴明が念力によって湧出させたと伝わる。この井戸へつながる小径《こみち》にも平たい7つの小石が打ち込まれ、北斗七星がしっかりと刻印されている。星を一つひとつしっかり踏めば、その場はたちまち浄化され、たとえ井戸水に毒が仕込まれていても消えてしまう。

聖徳太子の佩刀と伝わる国宝・七星剣も、刀身に北斗七星（七星文）が刻印されている。七星剣は、もともと古代中国の道教思想に基づいて鍛えられた刀剣で、国家鎮護や破邪顕正を目的とした。

陰陽師にとって北斗七星は信仰の対象でもあり、万能の護符でもあった。別の本にも書いたように、それ以来、僕の許に「北斗七星の結界を張れ」という指令が届くようになったのである。

先述した営業マンの例のように、禹歩は現代人でも使える陰陽師の技法だ。気になる相手に近づくときには、真っすぐ歩かないで北斗七星の形をたどる。周囲から千鳥足と思われても気にしないことだ。歩くスペースがなければ、手指を使う。あるいは拍手を7回してもいい。音を出すことも大事だ。

北斗七星は陰陽師にとって極めて重要な存在だけに、晴明神社では北斗七星のお守りを販売しているだろうと思いきや、実際に扱っているのは五芒星をデザインしたお守りが中心であった。意外だったのは、上京区にある大将軍八神社で北斗七星をモチーフにした北斗七星十二支御守が手に入ることだ。全国的にも珍しいようだ。

ちなみに大将軍は、陰陽道で方位の吉凶を司る「八将神《はっしょうじん》」である太歳《たいさい》・大将軍・大陰《だいおん》・歳刑・歳破・歳殺《さいせつ》・黄幡《おうばん》・豹尾《ひょうび》の八神のうちの一つで、天にあっては太白星（金星）の精で、地に降りると東西南北の四方を司る。この神様のいる方角は、「三年塞がり」といって、何につけても忌み嫌われた。

晴明神社では晴明井をはじめ、至る所に五芒星が掲げられている。結界の形としては五芒星でもいいのだが、個人的に言わせてもらえば、あの形は守りに徹して閉じた印象が強い。その点、北斗七星は開かれているから、相手に与える影響も大きいのではないだろうか。

神社に参拝するときは、「二礼二拍手一礼がいい」いや「二礼四拍手一礼だ」などと作法についてはいろいろな意見があるようだ。中には、「拍手は8回が正しい」という人もいれば、伊勢神宮の宮司様のように「何回拍手してもいいんです。そのときの気持ちで打てばいい。アイドルが出てきてワーッとなるのと一緒ですから」と仰る方もいる。

しかし、陰陽師式で叩くとすれば、北斗七星と同じ7回がベストである。いつか神社に参拝したときに、北斗七星の歩き方と拍手を試してみてほしい。陰陽師には、北斗神拳のように、手指を使って北斗七星の形に空間をパンパンパンと7回打つ技を使う人もいるが、普通の人が見よう見まねでやると悪い結果を招くことにもなりかねない。生兵法は大怪我のもと。充分に修行を積まない限りは、やらないことだ。

ただ、この技には封じる力が具わっていることだけは覚えておいていいと思う。玄関や部屋の扉に指で北斗七星を刻印すれば、邪悪なものは入ってこられなくなる。これも陰陽道の修行者が行うほうが効果もあるだろう。陰陽師に頼んで紙に北斗七星を描いてもらい、それを扉に貼っておいてもいい。

陰陽師の軍配にはいろいろな使い道がある

軍配といえば、現代人は相撲の行司が手にするあの軍配を連想するだろう。でも、軍配はもともと武将が持つ陣具で、軍配団扇《うちわ》とも呼んだ。陣形や軍の進退の日時・方角を占いながら指図するのである。

逸話として有名なのは、川中島の合戦で上杉謙信が斬りつけた太刀を武田信玄が軍配で受け止めたというものだ。信玄が使ったといわれる南部鉄で鍛えた軍配はいくつか残っているが、その中には日月と北斗七星を配したものもある。信玄の例で分かるように、軍配は陰陽師の道具だ。武田信玄も陰陽師の一人であることは間違いない。

いまでは、相撲の世界でしか軍配を見ることができないが、相撲は「手乞《てごい》」といって、神代の時代から存在した神事である。その歴史は古く、垂仁天皇の時代に野見宿《のみのすく》禰《ね》と当麻蹶速《たいまのけはや》の対決が日本書紀に記述されているが、これが相撲の起源とされる。

平安時代になると「相撲節会《せちえ》」と呼ばれる宮中行事が行われるようになり、諸国から集められた相撲人《すまいびと》が天皇の御前で相撲を取ったのだ。いまでいう御前試合みたいなものだろう。

軍配が相撲の行司に伝わったのは、武士たちが戦のない余暇に相撲技を競うようになり、軍配で勝負の判定を下したことに始まる。だが、軍配はもともと手乞の神事において、神官・神主が行司の役目を務めるときに使ったものなのだ。

手乞で軍配を使う目的はどこにあったのかを説明しよう。

手乞は、土俵上で単に力士と力士が激しくぶつかり合い技を競うのが目的ではない。力士と呼び出しが土俵に足を踏み入れれば、そこへ神様が降りてくることになっている。2人の力士、すなわち東西の力士それぞれに神様が降りてきて初めて手乞の神事が始まるのである。つまり、力士と力士が戦っているようで、実際には神と神が戦っているのだ。

どちらの神様が勝ったかによって、その年の吉凶などを占うことができるし、御知恵を頂戴することもある。これが、手乞の本来の姿である。したがって、行司は東西の力士に神様が降りてきたかどうかを見極めなければならなかった。実は、行司も立派な陰陽師だったのだ。

大相撲でも東西の力士が立ち合い前に何度も塩をまく光景が見られるが、塩をまく間に土俵へ神様が降りてくるのである。行司つまり陰陽師は、軍配によって土俵にいる神様の存在を確認するのだ。

いまの行司は「はっけよい、のこったのこった！」と声を張り上げながら、勝った力士に軍配を上げるが、陰陽師としての行司は立ち合い前の土俵の中央にかがみ、蹲《そん》踞《きょ》する力士の大きな身体を黒い軍配で隠すのである。

そうすると、軍配の向こうにある力士の輪郭にオーラがかすかに見えてくる。軍配が黒く塗られているのは、オーラの色を見やすくするためだ。東西の力士の輪郭が、例えば赤いオーラで覆われた瞬間、「はっけよい、のこったのこった」が始まる。陰陽師が使った軍配は、当初は手乞で神様が降りてくるのを見定めるために使う道具だったのだ。

ところで、陰陽師が軍師になって戦を指揮する光景を思い浮かべてみよう。例えば、黒田官兵衛。前方の低山に敵城が聳《そび》え、そこに敵兵が立て籠もっているとする。味方の軍は山裾をぐるりと囲み、軍師・官兵衛は下から攻撃の機会を虎視眈々とうかがっている。いつ、どのタイミングで攻め上るかを決めるのが、軍師の役目だ。

その間、間者を城に潜り込ませ敵情を探り、偽情報をまき散らして敵の武将を寝返らせることに努めるなどの調略戦にも余念がない。だが、正確な情報が軍師にもたらされるとは限らない。そこで、軍師は陰陽師の七つ道具である軍配に頼るのだ。

土俵上の力士を軍配で隠すように、陰陽師は敵城に軍配を差し向け、形を隠すのである。山城に籠もっている場合には、山全体を辛うじて輪郭線が見える程度に隠す。

すると、山のオーラ、城のオーラが軍配の縁から浮き上がってくる。霊的エネルギーであるオーラの輝きに力がなければ、敵軍はかなり疲弊していると判断し、進撃の準備に取りかかるのである。

最近、日本の首相が、ロシアに侵略されたはるか彼方の戦争当事国にのこのこ出かけていって、お土産に巨大しゃもじを大統領へ手渡したことがあった。どうせ贈るのであれば、大きな黒い軍配を渡せば、たとえ相手に理解されなくとも意義ある手土産になったと思う。

さて、現代人で軍配を持てるのは相撲の行司だけ。だから、普通の人々は軍配の代わりになるようなものを使えばいい。できれば、黒色が望ましい。黒っぽい表紙の本でもいい。自社製品を売りたい相手が向こう向きに座っているとき、その相手の姿を輪郭線ぎりぎりのところで隠すのだ。

果たして、どんなオーラが見えるのか。オーラが明るい虹色であれば、「あかんな、今日は。売れそうもない」。翌日、再びオーラをチェックしたところ、色がだいぶ弱っている。「おっ、今日はずいぶん弱っているな。よし、攻勢をかければ購入してくれるかもしれん」と、オーラ診断が商売に役立つこともある。ポイントは、軍配かその代用品で相手を隠すこと。いまの時代、人型の軍配でも作れば売れ筋商品になるかもしれない。

ついでに言うと、オーラは人間だけが発するものではない。犬猫、牛馬といった動物たちもオーラを放つし、植物、鉱石はもちろん、我々の日常生活にあふれている命なきモノたちにもオーラがある。例えば、書籍。無名の著者が執筆した本がベストセラーになることがたまにあるが、そんな本が書店に並ぶと強烈なオーラを放つのだ。平積みされず、書棚で他の本に挟まれていてもオーラの輝きが違うので、読者は本の背に吸い寄せられることになる。

軍配の起源が陰陽師の道具にあることなど、世間はまず知らないだろう。赤穂浪士の討ち入りでは、山鹿流を習得していた大石内蔵助が軍配を振って、四十七士を指揮した。陣太鼓で知られる山鹿流は陰陽師の兵法である。

実は、軍配は嘘発見器の代役にもなる。真実を語る人間のオーラは曇らないが、嘘を言う人間は往々にしてオーラが曇る。だから相手の話を聞くときに、その人物を見るのではなくオーラを見ることが大切だ。といっても、まさか軍配を相手の顔に向けるわけにもいかないので、人型の黒いシールでも眼鏡に貼り付けてそれをかけるといいかもしれないが、やはりこれも難しいか……。

視力検査で使う、黒いスプーン状の遮眼子《しゃがんし》のようなもので自分の目にあてがえるといいのだが、道具がないのであれば、人差し指で隠すしかない。軍配と代用品の使い方を公開するのは、本邦初だ。五感の機能が衰えがちな現代人には、ぜひ覚えていただきたいものだ。

競馬好きであれば、軍配を競馬場でも活用できるだろう。競馬場に着いたら、最初にパドックへ直行する。一般的な競馬ファンは漠然と馬を眺めるだけだが、陰陽師の秘術を身に付けたファンであれば、騎手が乗る前の馬体を軍配で隠し、その輪郭線から湧き上がるオーラをとくと見る。

オーラの色を分析してから馬券を買っても遅くはないだろう。テレビや競馬新聞の予想よりも、むしろ、そのほうが的中率が上がるというものである。人型に加え、馬型軍配が出現すれば人気沸騰間違いなし。この方法で馬券を当てた読者は、払戻金の1割を僕に寄付してください。

「私にはオーラが見えません」とよく言われるが、人間ならば誰しも見えるはずだ。ただ、オーラの輝度が弱すぎるため、見えていても分からないだけ。軍配を介さないで直接見る場合には、特に見えにくい。軍配なしでオーラが見える人は、訓練をある程度積んだ人間である。試しに軍配で一度隠してみれば、「ひょっとしてこれが?」と気づくことになるだろう。オーラが見えるのは、特殊能力ではない。

オーラ診断に使う軍配は、黒色であることが肝腎。つや消しの黒で相手をぎりぎりまで隠すと、その輪郭線に色を帯びた光が湧き上がってくる。ちょうど、夜が明ける頃、山の背後から太陽がゆっくり昇るにつれて稜線が光るのに似ている。黒いもので隠せば、誰でも見える。

黒には、あらゆる色が含まれる。印刷業界でよく使われる用語に「色の三原色」がある。イエロー（黄色）、マゼンタ（赤紫）、シアン（青緑）のことだ。この三つの色を混ぜ合わせると黒になるのである。だから、黒は黒でもさまざまの色を包み込んでいるだけに、白い背景では判別できないような色でも、黒の隣に置けばよく見えるのだ。だから、いま青っぽく見えていれば、それがオーラの色。そんなに難しいことではないと思う。

例えば、恋愛。男女間の恋愛感情は、古今東西を問わず存在する。最近は同性同士の恋愛も増えているけれど……。その中でも、一目惚れは男と女がお互いのオーラを見合い、一瞬にして惚れ合うこと。そこには、自我意識も理屈も介在しない。たまたまオーラの相性がぴたりと合ったに過ぎない。だから、本当は、それと認識していないだけで実際には見えているのだ。

性別に限らず、「何となく波長が合う」「何となく肌が合わない」といった場合も、オーラが見えないようで見えているから感じること。オーラを意識に上げるお手伝いをするのが、軍配の力なのである。

いまのデジタル技術があれば、スマホでオーラ診断のアプリを作ることも可能だろう。スマホで撮った写真の人物像を黒いツールでぎりぎりまで覆い、輪郭に立ち現れるオーラの色・輝度を分析するわけだ。心のねじ曲がったストーカーに悪用されると困るが、利用価値はありそうだ。

ネットで調べてみたが、黒地に風林火山の金文字をあしらった軍配を販売しているようだ。武田信玄に成り代わった気分で、常時携帯してもいいだろう。他にも、黒い団扇や扇子も市販されているので、興味がある読者はお試しあれ。

線香の煙でその日の吉凶を占う

今度は、線香の話。仏事に欠かせない線香は、虫除け、体臭や遺体の腐敗臭を消すなどに起源があるとの説がある。蚊取り線香の役目だとすれば、瞑想の坐禅を組んでいるときに虫が飛来しては集中できないからだろう。

ところが、陰陽師は線香で気を見るのである。線香を一番使うのは、早朝。用事があって出かける予定の日は、起床してまず一本の線香に火を灯す。そして、先端から立ち昇る煙をじっと見つめるのだ。煙を観察すれば分かるのだが、まずすっと真っすぐ上がることもあれば、途中からゆらゆらと揺らぎ始めることもある。点火と同時に揺らぐこともあれば、途中まで一直線に上がってからゆらゆらすることもある。

肉眼で見ることのできない気は、宇宙に遍満するエネルギーだ。天地万物を形成する生命と物質の根源といっていい。「気血の流れ」という言葉があるように、我々の身体の中にも気が流れている。気の通り道が経絡であり、「病は気から」のことわざにあるように、病気は「気」の不調によって引き起こされる。中医学の治療師はその経絡上に位置するツボに鍼《はり》を打ったり、灸を据えたりしながら気血の流れを整え症状を和らげる。

武術も気の存在なくしては成り立たない。「気を丹田に溜める」「気を爆発させる」「技に気を乗せる」「気合をかける」など、気と密接な関係を持つ。優れた武術家は、離れた敵の気を感知することもできる。

なぜならば、気は身体の中を巡りながらも、常に外界の気とも接しているからだ。森林浴で清澄な気を取り入れることもあれば、深い呼吸（特に呼気）によって、澱んだ気を吐き出すこともある。人間は気を媒体にして他者とつながり、自然とつながり、果ては宇宙とつながっていると考えればいい。

四季にもそれぞれの気があり、自然現象も気の運動が作用して起こる。例えば、雲は山や川から立ち昇る気であり、雷は陰気の中に閉じ込められた陽気がたまらずに飛び出したものだ。鉱石は気の結晶にほかならない。大地の下で土や岩の間隙を縫って走るのは「地気」であり、風水の世界ではこの地脈を「龍」と呼ぶ。「龍穴」は大地の気が噴きあがる場所とされる。

古代中国において、陰の気、陽の気、あるいは五行（木火土金水）の気の概念を基に生まれた陰陽五行思想は日本にもたらされ、陰陽道として開花した。陰陽師が気の動きを極めて重視することは言うまでもないだろう。僕が思うに、陰陽師が扱う気は中医学や武術の気とは少し違うと思う。その辺りは、後述しよう。いずれにせよ、昔の陰陽師は万物の気を見ることで、己や他者の命の行方を判断したのだ。

陰陽師は、線香から立ち昇る一筋の煙に気の精妙な動きを見いだすのである。普通の人間には、そんな芸当はできない。でも、煙の上がり方の違いを見極めるくらいのことは、庶民にもできるだろう。可視の世界で起こる物理現象だから。今朝の煙はす～っと真っすぐ上っていれば、その日は穏やかに過ごすことができそうだ。反対に、煙が微妙に揺れているのは気が乱れている証だから、その日は何か異変が起こる可能性を頭に入れておくといい。

僕は毎朝、空気の流れていない静かな場所で線香を灯しているが、風の影響を受けなければ仏壇やご神前でもいい。毎日同じコンディションで線香に火を灯すことを続けるうちに、日々煙の動きが違うことが分かるようになる。

その日の世界の気がどうなっているのか、自分に味方する気なのか、自分を突き落とす乱れた気なのかを、線香の煙で直観する。細い線香を使って細い煙を見るのがおススメだ。

生前の祖母は、毎朝線香をあげていた。暦なんて信じていなかった祖母は、線香の煙でその日の行動を決めていたのだろう。

祖母に限らず、昔の人が毎朝必ず仏壇に線香をあげ手を合わせたのも、陰陽師の影響だと思う。陰陽師が仏壇かどこかで線香を灯し、その煙を合掌しながら一心に見つめる姿を垣間見て真似たのだろう。

赤穂浪士が吉良邸に攻め入るときにも、線香の煙をよすがとした。「今晩、決行するぞ」「いや、今日はやめたほうがいい」と。線香は安価で手に入るし、現代人もぜひ試していただきたいところだ。

お香を焚《た》くなんてことは、趣味に留めておけばいいと思う。自分の運命を見極めようという大事なときに、のんびりお香なんて焚《た》いてはいられない。

「明日、自分はどうするべきか？」「明日の会議では、推進派のA氏に付くべきか、反対派のB氏に付くべきか？」など、人間は毎日のように何らかの判断に迷っている。

そんなときには、夜、暗闇の中で線香を灯すといい（ただし火の用心をくれぐれも忘れずに)。そばには、秒針が付いていてカチカチ鳴る目覚まし時計を置くのである。

線香を灯したら秒針の音を聞きながら、線香の先っぽの赤い一点をじっと見つめるのだ。すると、内なる声が聞こえるようになる。線香なしで音だけを聞いていると、迷いが生じ自分の本心の所在が分からなくなる。闇の中に燃える一点さえあれば、自分を保つことができるのだ。

闇の中で心を静めながら座り、線香の一点を見つめながらカチカチカチを聞いていると、「明日は会社を休め」とか「明日の会議では、B氏に賛同しろ」と声なき声が聞こえてくるのだ。自分に命令できるのは、自分自身しかいない。本当の自分の声を聞くには、線香と目覚まし時計が絶好の道具となってくれる。

「闇」という字は、門構えに「音」から成り立っている。普通に考えれば、「光」を「門」で押さえるのだから、門構えに「光」と書きたいところだ。陰陽師は文字どおり、闇の中で音を聞くことに長けていたのである。だから、漢字としても残ったのだ。

闇中で音を聞くだけで自分の本心を引き出すことはできるのだが、得てして自分を見失い邪念に流れやすいので、線香に火を灯して自己を見失わないようにするのである。灯台みたいなものだ。

蠟燭の明かりで人間の内奥に入り込む

今度は、話題を線香の火から炎に移そう。炎には大きい炎と小さい炎がある。大量の薪を燃やすキャンプファイヤーや暖炉のような大きい炎は、人の心を落ち着かせてくれる。逆に、蠟燭《ろうそく》のような小さな炎は、対象の本質を見抜くことができる。

いまでこそ、人工照明があり照度や明るさの種類もさまざまだが、昔は太陽の光しかなかった。日が没すれば、薪で火をおこすか、蠟燭やランプに頼るしかなかったのである。

したがって、昼間は光源が同じだから明かりはほとんど変化しない。暖炉や焚火の炎は、それを囲む人間に均一に光を当てる。

でも、蠟燭は光量が変わるために常に炎が揺らぎ、照らす対象も微妙に変化するのである。蠟燭の明かりで照らされた人間の顔を観察していると、表情が刻々と変わるのが分かる。いや、別に人間でなくても同じだ。ある静物を蠟燭の光で見るのと、光量が一定の人工照明の光で見るのでは、明らかに違いがある。

その違いが顕著に表れるのが絵画だ。特に、中世までの日本画や西洋の油絵は、蠟燭で見ないといけない。なぜなら、蠟燭を灯しながら描いた絵なのだから。それを人工照明や陽光で見ても、ベタっと平板な印象が強まり何の感動も生まれない。ところが、特に日本画は、蠟燭の明かりで見ると生き生きとしてくる。絵に描かれた虎などは、迫力満点だ。

一見すると平面的な浮世絵がゴッホやゴーギャン、モネといった印象派の画家たちを、どうしてあれほど魅了したのか。彼らは、蠟燭の明かりで浮世絵に顔を近づけ、日本画の神髄を見たのだ。

中世から近世にかけて多く描かれた屛風《びょうぶ》絵は、襖《ふすま》絵と同じように立てて鑑賞するものだけに画題が生きている。例えば、室町期に定着した六曲一双の屛風絵（6扇で構成された一組の屛風）となれば、全部で12扇がそれぞれジグザグに連結し、見事な陰影を生み出し壮大な風景が現前する。長谷川等伯の「松林図屛風」、狩野永徳の「唐獅子図屛風」、尾形光琳の「燕子花《かきつばた》図屛風」などの国宝が六曲一双では有名だ。

この3人の画家は、屛風の前に蠟燭を立てた燭台を2、3本置いて画業に打ち込んだと思う。炎の揺らぎがもたらす演出力によって、彼らの絵筆は屛風に描き出した獅子や花に魂を注入することができた。

僕の知人が以前、長谷川等伯の「松林図屛風」を東京国立博物館で見たそうだ。日本の水墨画の極致ともいわれるこの作品だけが特別室に置かれ、薄暗い明かりに照らし出されていたという。印刷物で見る松林と違い、屏風に描かれた松林に分け入るような錯覚を覚えたと語ってくれた。きっと、墨の濃淡だけで描いた松林が風に揺れていたのかもしれない。さすがに、東博の学芸員は歴史的屏風絵の本質を見抜いていたとみえる。

映画『2001年宇宙の旅』で知られる名匠スタンリー・キューブリックも蠟燭の効果を知り抜いていたらしく、18世紀のアイルランドを舞台に、ある若者の野心に満ちた半生を描いた壮大な歴史映画『バリー・リンドン』を撮ったとき、室内のシーンはすべて蠟燭の明かりだけで撮影したと聞いたことがある。おそらく、人間の内奥をあぶり出したかったのだろう。

ヨーロッパでは、テーブルに蠟燭を置く高級レストランがいまでも多い。男女がレストランでディナーをともにするのは、一つの決戦の場でもある。男も女もにこやかに高級料理に舌鼓を打ちながらも、テーブルの向こうにある相手の顔をちらりちらりと窺うのだ。

「この女、俺のことをどう思っているのかな」「アタシはこの人の誘いに乗って大丈夫かしら」「もう少し持ち上げておいてから、アタックしてみるか」などと、思いはさまざまだろう。男と女の微妙な心模様を浮き彫りにしてくれるのが、蠟燭の明かりなのだ。小さな炎に揺らめく表情が、何かを伝えてくれる。

さて、陰陽師はその炎の揺らぎを使い、相手の内奥に入り込むのである。固定した光で見るよりも、蠟燭の揺らぐ光で顔を見ていると表情の微妙な変化を読み取ることができ、一瞬の嘘も見逃さないのだ。よく映画やテレビで、警察署内の取調室で容疑者の顔をライトで照らすシーンを見かけるが、あれはいじめではなく、表情の変化を察知しやすいからだ。双方に同じ光量の明かりが均一に当たっている状況では、相手の心の動きが見にくいということである。

戦場での和平交渉も同じだ。床几に腰を下ろし敵軍の大将と差し向かい、両者の間に見えない火花が散るなかで、お互いが腹の底を探り合う。そんな真剣勝負の場に松明やかがり火はふさわしくない。両者の間に、燭台を1、2本立てて、敵の心の奥に迫るのである。陰陽師は、揺らめく小さな炎が切り取る表情の一瞬の動きを読み取るのだ。

軍配の黒に水墨画の黒。「黒は光の母」と言われるが、黒はあらゆる色を包含している。カメラのボディでも、黒が主流だろう。一眼レフのファインダーから被写体をのぞくとき、自分の目の周りが黒いほうが、被写体の本質をつかみやすいのだと思う。ドイツの名機であるライカのM型もブラックが大半を占める。部分的にシルバーを使っている機種はあるようだが、プロの写真家は黒を選ぶはずだ。ブラックは玄人好みで、シルバーは素人好みというところか。撮影することよりもカメラのメカニックが好きな人間は、シルバーを選ぶのかもしれない。

ポートレートの名手である篠山紀信のカメラも、きっと黒だろう。黒だからこそ、被写体のモデルが放つオーラを捉え、その刹那にシャッターを押すはずだ。篠山のようにたくさんの女優を撮ってきた写真家は、カメラの黒い筐体《きょうたい》を軍配のように使うことができると思う。女優の姿をギリギリまで隠してオーラが立ち昇るのを待つのだ。シルバーのクロムメッキの筐体ではいろんな光が乱反射して、オーラが見にくくなると思う。

白虎の章

陰陽師が注目した麹は日本人の万能薬だった

陰陽師は「科学者」である。機器を使って星の位置を知ることもできれば、薬を調合して病や怪我を癒やすこともできる。その流れをくむのが忍者だろう。忍びが「越中富山の薬売り」に身をやつし、全国を巡りながら機密情報の収集に努める。

陰陽師も同じように各地を歩き、いろいろな薬草や鉱物の採取に精を出し、自分の身体で実験してその効能を調べるのである。「この薬草は毒消しになる」「この石の粉を飲むと、体内の腫物（腫瘍）が消える」と、さまざまなノウハウを蓄積するのだ。

これは何も陰陽師に限ったことではない。例えば織田信長だ。進取の気性に富む信長はポルトガルの宣教師に命じ、滋賀県と岐阜県の境界にある伊吹山に薬草園を開かせた。3000種もの薬草が植えられたと伝わり、いまでも250種近くが自生しているという。各地の薬草の情報が集積し、現代の製薬につながったのだろう。

陰陽師は、特に麹を大事にした。米・麦・大豆などの穀物や、糠《ぬか》・麩《ふすま》にコウジカビを繁殖させたものが麹である。麹菌は、その麹を作るための糸状菌でカビの一種だ。湿度の高い日本をはじめとする東アジアや東南アジアにしか生息しない。２００６年、日本醸造学会は日本の麹菌を「我々の先達が古来大切に育み、使ってきた貴重な財産」であるとし、「国菌」に認定した。

麹菌にはいくつかの種類があるが、清酒・味噌・醤油に使う麹菌は黄麹《きこうじ》と呼ばれ、庶民にはいちばん馴染みがあるはずだ。正式名称はニホンコウジカビ、海外ではアスペルギルス・オリゼーの名で知られる。一般的には、海外のアスペルギルス・オリゼーは猛毒を発するカビであり、体内に入れば最悪の場合は死に至る。

ところが不思議なことに、ゲノム解析の結果、日本の麹菌には毒を作るＤＮＡ部分が欠落しているのだ。まるで、その部分だけ切断されたかのように。これは日本だけに見られる奇妙な現象であり、なぜそのようなＤＮＡ配列になっているかも不明である。

麹菌の不思議がゲノム解析で明らかになったのはここ数年の話だが、陰陽師はそのはるか昔から、麹菌の効能を知っていた。麹菌というカビを米や大豆に植え付けることによって麹が生まれ、デンプンがブドウ糖に変化し酵母の増殖を促してお酒や味噌・醤油になることを体験的に知っていたのだ。さらに、酒・味噌・醤油のみならず、麹をあらゆる食べ物に使う技術も習得したと考えられる。

陰陽師は、日本人のひな型みたいなものだ。古来、麹菌を常に身体の中に取り込んできた。そのお陰で、麹菌が腸に棲みつき、日本人の身体をいろいろな菌から護っているのである。麹菌にはオリゴ糖や酸性プロテアーゼ、グルコシルセラミドが含まれるため、善玉菌を増やし悪玉菌の増殖を抑えることができる。

麹を使った食材はいまでこそ海外に広まっているが、これだけ麹と深く結ばれている人種は日本人だけだ。先の戦争で2回も原爆を落とされても、そして3回目に相当する原発事故が起こって大量の放射性物質がばらまかれても、日本人は味噌や醤油でしぶとく生き抜いてきた。これが他国だったら、大変なことになっているはずだ。日本人のタフネスは、麹の恩恵なのだ。

今回の新型コロナ騒動でも、僕は「日本人は麹菌が腸の中に棲んでいるから大丈夫」と言い続けてきたけど、大半の人は聞く耳を持たなかった。でも、現実に世界的に見ても日本の感染被害は、アメリカやヨーロッパほどには深刻化しなかった。

陰陽師は、麹菌を常に腸内で飼い、内面から護ることを日本中に広めたといっていい。味噌・醤油・清酒は、特に陰陽師の日常の食事には欠かすことができない。さらに、体内だけではなく、外傷の治療にも麹を使ったのである。切り傷、刺し傷、火傷と、麹は膏薬代わりにも使われてきたのだ。

麹を使った化粧品が注目を浴びているのは、麹の美肌効果が高いからである。麹には、皮膚の再生に必要なアミノ酸がコラーゲンよりも2〜4倍も多く含まれている。

酒造り職人の棟梁である杜氏《とうじ》には、高齢でも肌の色艶が驚くほどいい人が多い。酒蔵で毎日、無数の麹と一緒に過ごすのだから、皮膚の状態が良くなるのもうなずける。いまの時代、自宅で糠漬けを作る人は少ないだろうが、昔の主婦のように糠床に毎日両手を突っ込むと肌がきれいになる。

僕の友人に、初めて麹パウダーの生産に成功し商品化した人がいる。麹パウダーが簡単に入手できるようになったので、ちょっとした傷であれば、手のひらにのせて傷口に擦り込めばいい。痛みもないし、治りが一番早い。ただ、塩麹は傷口がしみるので、プレーンの麹パウダーがおススメだ。水虫にも効果がある。胃が荒れているなら、そのまま飲むと胃薬の代わりになる。身の回りのものを何でも活用してきた昔の日本人の暮らしの知恵を思い出してほしい。

麹も、祖母が幼かった僕に和綴じの絵本で教えてくれたことだ。絵物語では、魔物と戦う陰陽師が深傷《ふかで》を負い、放っておけば死んでしまう、という設定だった。たまたま、村人が作っていた麹を陰陽師の傷口に塗ったところ、まもなく癒えたのだった。

実のところ、闇の音や線香の話も、すべて祖母の絵物語に出てきたものだ。祖母の語りを聞きながら、僕は一枚一枚の絵にのめり込んでいったのである。物心が付く前に教えられたことだが、リアルな体験だっただけに脳内のどこかに記憶の断片が長い間保管されていたのだろう。65年以上も経ったこの頃、幼少期に刷り込まれていた映像が、必要に応じてひょいと顔を出すようになったのはなぜだろう……。

陰陽師はさまざまな作法を編み出し天皇家を護ってきた

かつての陰陽師は、宮中においてはもちろん、卜占を行うとき、暦を作るとき、天体や気象を観測するとき、そして物の怪に対峙するときなどは、厳格な作法に縛られていた。それぞれの作法にのっとって行わないと、効果が上がらないからだ。

日本人が礼儀正しい民族としていまでも世界の注目を浴びているのは、陰陽師の作法の名残なのかもしれない。宇宙空間から地球を俯瞰《ふかん》し、さらに近づいて今度は日本列島を見下ろしてみる。このとき軍配で列島をぎりぎりまで覆い隠すと、いまでも輝かしいオーラを放っているような気がする。

お辞儀は日本人が大事にしてきた作法の一つである。日常の暮らしの中で、頭を下げる角度は相手によって違うものの、我々は誰彼となくお辞儀しながら挨拶することが多い。世界中を見渡しても、これほどお辞儀にこだわる人種は日本人を除いて皆無だろう。

宮中の陰陽師が天皇に何かを奏上するときは、必ず顔を下に向けなければならなかった。しかも、頭には細長い立烏帽子がのっているので、距離も充分に開ける必要がある。こうして、天子さまに対してはひれ伏してものを申し上げるのである。身分が低い者は、額を地に付けるまで頭を下げなければならない。上奏が終われば、無言のまま引き下がる。このような厳格な作法を広めたのは陰陽師であり、公家といえどもこの作法を守らなければならなかった。

この作法の目的は、すべて感染症対策にある。例えば、自分が感染症にかかっているることも知らずに顔を上げて言葉を発すれば、ウイルスはたちまち飛散し天皇を空気感染させる恐れがある。医術も身に付けた科学者である陰陽師には、病原から天皇を護る使命があった。

当時の陰陽師が警戒したのは、自分が天皇のお傍《そば》にいないときである。宮中には日々謁見を求めていろいろな人間がやってくる。彼らが大内裏で天皇に近づいたとき、顔を上げて奏上すれば大変なことになる。陰陽師は天皇を感染症から護るために、謁見の作法を宮中で徹底させる必要があったのだ。

平安時代の貴族の肖像画に、手に細長い木の板を持つ姿をよく見かける。笏《しゃく》と呼ばれるもので、官人が礼服や束帯を着用するとき威儀を整えるために右手に持つものだ。もともとは君命や奏上の内容を書いたメモをその裏側に貼り付ける、備忘用の小道具だった。後には、神職にとっても欠かせない持ち物となる。

時代物の映画やテレビドラマで、笏を口のそばに当てた公家同士がひそひそ話をするシーンを目にすることがあるが、実はあれも感染予防策の一つである。飛沫が飛ばないように注意する大事な作法なのだ。いまでいえば、マスクを着用しながら声をひそめているのと同じ。笏はその形状からすれば、軍配のように感染対策の目的以外にも活用されたのかもしれない。

笏を持たず、宮中の廊下でたまたま天皇とすれ違うときなどは、必ず頭を下げたまま ご挨拶するのである。外国人のように面と向かって握手するような真似は、決してしない。感染のリスクを考えれば、手と手が触れ合う行為など厳に慎まなければならなかった。奈良から平安にかけての時代、陰陽師は天皇を護るためにいろいろな作法を編み出したのである。

お辞儀の作法は現代にも残っているが、頭を下げるのは敬意を表するとか、屈服したというよりも、相手や周囲に対する気配りの表れなのだ。新型コロナで改めて痛感した人も多いと思うが、人類の歴史は感染症との闘いの歴史でもある。日本人が伝統的に重んじてきたお辞儀の作法は、どんな時代においても有益だと思う。

畳に座るのも、日本人独特の作法。正座・胡坐・割座・横座りなど、いろいろな座り方があるが、それはさておき……。日本旅館の畳の大広間で宴会を開くとき、料理をのせたお膳が一人一人に運ばれてくる。お偉いさんは上座に座るなどの取り決めがあるが、封建時代はいまよりもはるかに厳格だった。

宮中の天皇や城内の御殿に暮らす殿様はもちろん、家臣たちも屋敷では一人で食膳に向かう。配膳する人間は出入りすることもあろうが、障子を閉め切って一人で食べる。これも感染防止のためであり、特に天皇は「孤食」に徹しなければならなかった。

この「一人一膳」の作法を編み出したのも、医術の心得がある陰陽師である。

中国料理の回転テーブルのように、同じ料理を大勢の人間が箸を入れて食べれば、感染リスクが一気に高まるのは当たり前。「中国人はいったい何を考えているんだ」と思うのだが、この回転テーブルの発祥は昭和の初めに創業した日本の老舗結婚式場であった……。

いずれにせよ、孤食のススメは遠い昔に陰陽師が指摘したことであり、今回のコロナ騒動で始まったわけではない。

日本に疱瘡（天然痘）が伝わったのは、渡来人の往来が頻繁になった6世紀半ばといわれる。種痘が普及したのは18世紀に入ってからであり、WHO（世界保健機関）が世界根絶宣言を出したのは、たかだか40年ほど前のことだ。その間、感染力が強く致死率の高い天然痘の嵐が日本列島にたびたび吹き荒れた。徳川の将軍15人のうち14人が疱瘡にかかったという記録もある。

天皇家でいえば、古くは奈良時代の聖武天皇は天然痘の大流行に心を痛め、仏教に救いを求めて東大寺に大仏を建立した。幕末の孝明天皇の死因も疱瘡とされる。古来、都は何度も疱瘡に襲われ、貴賤を問わず多数の人間が命を落としてきたのである。

また、食事作法に欠かせないものに箸がある。日本人は日常の食事のほか、儀式や行事などにもいろいろな箸を使ってきた。調理用の菜箸《さいばし》、器に盛られた料理を取り分ける取り箸、そして個人用の銘々箸である。

感染予防の面でいちばん重要なのが、取り箸だ。箸食文化圏で取り箸を使うのは日本人だけであり、中国、韓国、ベトナムには取り箸の習慣がないため、宴席などでも直箸で料理を取り分ける。コロナ禍の影響で取り箸がにわかに注目されるようになったが、格式の高い日本料理の席ではいまでも直箸はマナー違反である。

例えば、江戸時代の庶民が家族で食事するとき、まず茶碗に麦入りの玄米を山盛りにする。そこへ、おかずの焼き魚や煮魚に長い取り箸を入れて身をつまみ、山盛りご飯のてっぺんへ落とすようにのせるのである。それを自分の箸でご飯と一緒に口の中へかき込むわけだ。ポイントは、おかずをご飯にのせるたびに取り箸を使うこと。この食べ方であれば、「一人一膳」の食習慣が消え少人数で食事するようになっても感染の心配はない。江戸期の食事風景をそこまで忠実に描写した時代劇は、残念ながら見たことがない。

次は、食べる側から調理する側に目を注いでみよう。調理に欠かせない道具の一つに包丁がある。包丁は食材を切る刃物であるが、古くは「庖丁」と書き、もともとは「料理人」を意味した。

公家の中には貴族文化の独自性を残す芸道を伝える家柄があり、「庖丁道」を伝えた四条家も、その一つであった。四条流庖丁道は平安時代から伝わる日本料理の流派の一つで、中納言藤原山蔭を祖とし、山蔭が光孝天皇の命によって新しい料理作法を定めたことに由来する。

庖丁儀式はもともと宮中で行われたもので、その技術は現在も継承され、伊勢神宮の式年遷宮奉祝行事にも奉納された。烏帽子・直垂姿《ひたたれ》の庖丁師が、右手に包丁を左手に真魚箸《まなばし》を持ち、鯛・鯉・鰹などの素材を大きな俎板《まないた》の上でさばくのである。その間、両手が食材に触れることは一切ない。この感染対策万全の調理作法を指示したのも、陰陽師である。

天皇に献上する目的だけに、食材には指一本触れてはならないのである。包丁と箸だけで魚の鱗《うろこ》を取り、持ち上げ、さばいていく。最後は、定められた形に切り分けるのだ。かつては厳重な監視の下で行われ、魚に自分の手がわずかにでも触れれば、即打ち首になったという。

僕は庖丁儀式を二度見たことがあるが、その見事な包丁さばきには舌を巻いた。天皇家をあらゆる災厄から護りぬいてみせるという、陰陽師の必死の覚悟が伝わってくるようだった。

季節の作法というのもある。例えば、祭り。京都の「祇園祭」、大阪の「天神祭」、東京の「神田祭」の日本三大祭りはもちろんのこと、この国のどこかで季節に合わせた祭りが開催されてきた。春祭り・夏祭り・秋祭りは陰陽師が広めたものと伝わる。

ちなみに日本三大祭りは、いずれも「怨霊を鎮める三大祭り」である。祇園祭はもともと疫病をもたらす行疫神《ぎょうやくじん》だった牛頭天王を崇めて疫病退散を願うため、天神祭は菅原道真、神田祭は平将門という、非業の最期を遂げた2人の怨霊を鎮めるために営まれたのだ。

さて陰陽師は、季節の祭りが一年の間の大事な節目になると考えた。特に、疱瘡やコレラといった悪疫が燎原の火のごとく広がったとき、この節目は防波堤の役目を果たした。節目がなければ疫病が際限なく広がっていく、と陰陽師は警戒したのだ。

いまでも同じだが、疫病が広まると人心は動揺し、庶民は何かにつけて疑心暗鬼に陥るものだ。当時の民草には現代のように正確な情報を得る術や科学の知識もなく、迷信だらけの世の中である。社会がいったんおかしな方向へ動き始めると歯止めが利かなくなり、非難の矛先は為政者に向けられる。天皇や殿様にとって民心が離れることは脅威となり、一揆の芽を摘もうと政策を実行しても、すべてが後手に回ってしまう。

ところが、人々がどん底にあえいでいるときでも毎年恒例の季節の祭りがくれば、人心は一新するのだ。「さあ、明日は待ちに待った夏祭りだ。憂さ晴らしだ」と、みんなでワーワー言いながら酒をたらふく飲む。すると、翌日から物事の成り行きが良くなり、疫病も下火へ向かうのである。

今回のコロナ禍でも、三大祭りや隅田川花火大会など、全国各地の祭りや花火大会が中止になった。悪疫で心身ともに疲れ果てている状況で、待ちに待った節目の祭事を取りやめるなど、大失策としか言いようがない。いまの政治家は自分の国の歴史もろくに知らない不勉強な人間ばかりだから仕方ないけど、祭りや花火大会を例年どおりに実施していれば、庶民の気分は一気に明るくなり、コロナも終息に向かったはずだ。現に、祭りを中止しても、感染者は増え続けたではないか。

そもそも花火は厄除けにもなるし、夏の風物詩である日本最古の隅田川花火大会はもともと、8代将軍・徳川吉宗が享保18年（1733年）に許可した「両国の川開き」に由来する。当時は、気候不順と大量のイナゴが西日本を襲い、大凶作となり深刻な飢饉が発生したのだ。全国で200万人もの人々が飢え苦しみ、数万人が餓死したといわれる。吉宗は翌年、犠牲者の慰霊と災厄退散を祈願し、両国橋周辺の料理屋にド派手な花火を上げさせたのである。これが、本来あるべき為政者の姿だと思う。

陰陽師の集団は予防線の張り方をよく知っていた。節目の祭りが、乱れた世を立て直すことが分かっていたのだ。祭りは、いわばドミノ倒しのストッパーであり、節目節目にストッパーを立てておけば、世の中がドミノ倒しのように崩れていくのを食い止めることができるのである。

少し脇道にそれて、ヒノキの話をしよう。心身の健康法としての森林浴は日本にすっかり定着したが、樹木が発散するフィトンチッドはもともと自分の身を護るためのもので、消臭・抗菌作用がある。この物質が爽やかな香気を放つのは、テルペン類と呼ばれる炭化水素化合物によるもので、自律神経に作用してリラックス効果を高めるのだ。

樹木の中で特にいいのがヒノキ。なんと言っても香りが素晴らしく、ヒノキ材の表面は肌触りが柔らかい。古来、スギやマツとともに日本人に最も馴染みのある木である。「スギとクスノキは舟に、ヒノキは宮殿を造るのに使え」と日本書紀にも記述されているとおり、伊勢神宮、法隆寺をはじめ耐久性に優れるヒノキ材で建てられた神社・仏閣は多い。ヒノキが霊力を宿す木であることの証でもある。

ヒノキは肌にもいい。ウルシやイチョウのように皮膚がかぶれやすい樹木があるが、ヒノキには逆に皮膚の炎症を抑える効果があり、アロマセラピーではヒノキのオイルが活用される。呼吸器系にもプラスの効果をもたらしてくれる。

昔から日本人がヒノキ風呂を好んできたのは、ヒノキが皮膚に優しい樹木であることを知っていたからである。高級温泉旅館以外にヒノキ風呂を見かけることは少なくなったが、宮中ではいまでもヒノキ風呂が使われている。これも天皇の守護に命をかけた陰陽師の知恵の一つである。

拍子木の音で浮遊霊や地縛霊を退散させる

ここからは、悪い流れを断ち切るために、積極的に打って出る陰陽師の作法を中心に話を進めよう。潜水艦に例えれば、自ら音波を発し反響音によって敵艦を捉えるアクティブソナーの機能を身に付けるということだ。

まずは、音と光について。神社のお参りでする拍手は、そもそも陰陽師が始めたものだと思う。拍手で大事なのは音だ。例えば、軍配を使ったオーラ診断で相手のほうに勢いがあり、我がほうは劣勢に立たされている場合、「今日のところは何もしないでおこう」と受け身に回る人もいるが、逆に果敢に挑む人もいるだろう。後者で有効なのが、両手をパーンと勢いよく合わせて、相手の気を挫《くじ》くのだ。

相手の気の流れを変えるのに一番効果的なのは、音と光である。いまの時代は人工的な光源が自由に手に入るが、昔は光といえば陽光か、蠟燭、灯火《ともしび》、松明の炎くらいしかなかった。光に不自由していた分、音が有効的に使われたのである。

音を出すことによって、相手が発する気の流れ、自分自身の気の流れ、相手と自分の気のつながり、といったものをすべてご破算にする。陰陽師の気は、中医学や中国武術の気よりも深く、オーラと同質と言ってもいい存在である。陰陽道系の神仙道も細かく分けているように、「気」はシュタイナーの人智学でいうエーテル体、アストラル体、コーザル体、メンタル体などをすべて含んでいる。最近のスピリチュアル系の人は、それをまとめてオーラと呼んでいるようだ。陰陽師や神仙道が使う気は、シュタイナーの言う肉体以外の部分、つまり人間の本質である。だから、高次元な世界とつながっている。

陰陽師が対峙しなければならない相手は、何も人間ばかりではない。平安時代の物の怪、中世の怨霊・御霊、近世の幽霊といった浮遊霊や地縛霊など、この世に彷徨いながら肉体に戻りたがっている霊のほうが、むしろ多い。

その霊も実は、オーラと呼ばれる高次元の存在である。高次元とはいえ、霊的レベルはそれぞれの霊によって異なり、動物霊や浮遊霊の低級レベルから、ご先祖様の霊や高尚な霊格を具えた高級霊までいろいろだ。陰陽師は、そういうものをすべてひっくるめて「気」と称するのである。

我々がよく使う言葉に、「気色が悪い」がある。いまでは「気味が悪い」「不快である」「キモイ」といった意味として定着しているが、本当は文字どおり「気の色が悪い」を指す言葉だった。

陰陽師は軍配で相手の身体を隠し、その輪郭から立ち昇るオーラ、つまり気の色によって攻める時機を見極める。「弱々しい赤だから、攻めるならいまだ」「燃えるようなオレンジだから、今日のところはやめておこう」などと、判断材料にするわけだ。

日本語には、「気」で始まる慣用句がとても多い。「気が合う」「気が多い」「気が重い」「気が立つ」「気が散る」「気が強い」「気が塞ぐ」「気が紛れる」「気が向く」など、枚挙にいとまがないほどだ。普段、「気」が付く言葉を何気なく使っているようでも、「気」の感覚は古くから日本人の奥底に地層のように堆積しているのである。

「気」が肉体を超越した高次の存在であることを知っている陰陽師がひとたび動けば、相手の肉体よりもそこに憑《つ》いている守護霊から浮遊霊までを巻き込むことになる。「気」は肉眼には見えないだけに厄介だが、普段、我々がたとえ言葉を交わさなくても何となく相手の状態が分かるときがある。

「あの人は、もうダメだな」「あいつは俺の言うことを何でも聞くから、この要求にも従うだろう」「あれが噂に聞く○○さんか。圧倒されるようだ」といった印象を抱くのは、こちらの「気」と相手の「気」が高次のレベルでやり取りしているのである。

学校や会社でいじめやパワハラがいつまでも尽きないのは、肉体レベルではなく気と気のレベルにおける闘いで、すでに勝負がついているからだ。例えば、職場の人事で新しい上司K氏がS氏の部署に異動してきたとする。初対面で2人の視線がぶつかった瞬間、「あっ、このタイプは苦手だ。波長が合わない」と直感することがあるだろう。これこそ、言葉を超えた気の闘いが始まったときである。きっと、K氏も「こいつは、いじめがいのある奴みたいだな」とでも感じたかもしれない。その後の人間関係に作用する第一印象とは、双方の気のやり取りの結果である。

部下の立場だけに、S氏は相手の要求には否が応でも応えなければならない。もともとS氏は「気」が弱いし、同僚からは「気」が優しいSさんとして慕われてきた。職場で波風を立てるのは何としても避けたいところだろう。しかし、K氏のいやがらせとも思える要求が重なると、「気」がどんどん滅入っていく。「気」が強いK氏は有利な立場を利用し、嵩《かさ》にかかって攻撃してくる。こうなれば、蛇に睨まれた蛙も同然。挙げ句の果てにS氏は「気」を病み、とうとう休職に追い込まれてしまった。

パワハラ防止法が施行されたところで、職場からこんな光景が消滅するとは考えにくい。こうした絶体絶命のピンチに追いやられたとき、言葉でいくらあれこれ考えたところで、形勢が逆転することはあり得ない。そんなときこそ、陰陽師の教えを生かせばいい。

大きな音によって、気と気のつながりを一瞬で断ち切るのだ。その道具として一番有効なのが拍子木。方柱型の短い2本の木で劇場での合図や夜回りに使われるものだが、もともとは悪霊を退散させるために使った呪具であり、陰陽師はこれをいつも懐に忍ばせていた。拍子木のカーンカーンと乾いた甲高い響きが、相手の「気」を挫き、「気」のリズムを狂わせるのである。

大相撲にも拍子木は付きものである。呼び出しが館内に乾いた音色を響かせる姿をテレビで見た人も多いだろう。相撲の世界では拍子木を「柝《き》」と呼び、これを叩くことを「柝を入れる」という。横綱の土俵入りでは、まず呼び出しが柝を入れる。

相撲が神事だった大昔は、拍子木を打たれると同時に、2人の力士それぞれの気と気の関係が瞬時に消え対等になるのだ。いまでも破られていない69連勝の大記録を達成した不世出の横綱・双葉山は例外として、北の湖や千代の富士を含め、どんな横綱にも苦手とする相手はいた。その相手が前頭であろうと、なんとなく気圧《けお》されるのである。平幕同士でも、同郷でしかも同窓の先輩と後輩の関係にあるとなれば苦手意識を抱きやすい。

そうした義理のしがらみを引きずったまま土俵に上がったのでは、負けるのは火を見るよりも明らかだ。苦手意識を払拭する意味でも、拍子木の音は有効に作用する。カーンカーンと鳴り響いた刹那に気と気の優劣がチャラになり、高次の部分は白紙に戻るのである。こちらが幕内駆け出しの小兵であろうが、相手がモンゴル出身の大横綱であろうが関係ない。それだからこそ、勝負が盛り上がり、観客が沸くのだ。

陰陽師の話に戻ると、誰かが浮遊霊や動物霊に憑依されていると判断した場合にも拍子木でカーンと打つと除霊できる。一番いいのは、憑依された人間の後ろに近づき、拍子木を打つこと。お清めするときには、本人の気づかないうちに霊に向かって一発打てばいい。それだけで、霊は弾《はじ》け飛んでいってしまう。拍子木はネット販売でも手に入る。夜回りしながら「火の用心！」と拍子木を打つ習慣が復活すれば、街から邪悪な存在が退散し人々が安心して眠りに就くことができると思う。

本来のビンタは「愛の鞭」でなければならない

拍子木を職場に持ち込んで、嫌いな上司の目の前でカーンとやるわけにもいくまい。

そんなときには、とぼけた振りをして拍手を打つことだ。神事でも大事なことだが、パーンと破裂音を出せばいい。

拍手は拍子木の代わりだから、一発で両手が痛くなるほど激しく打つことだ。本当は強烈な破裂音を出さずに、相手の下腹に響くように「気」を込めて打つほうが効果があるのだが、素人ではなかなか難しい。まずは、大きな音を出すことを心がけるように。両手を打ち合わすことができない場合には、机や自分の膝を打ってもいい。

片手しか使えない場合は、自分の頬を打つことも有効だ。邪悪なものが自分に憑いていると感じたときは、自らの手で頬を張るといいだろう。大相撲で土俵入りした力士が立ち合いの前に両手で自分の頬を叩くのは、気合云々よりも、肉体を超えた高次の自分を引き出すためである。

相手の頬を叩く場合も同じだ。ビンタを食らわすのは、旧日本軍の上官や昔の学校の先生の特権みたいなものだった。ある年代以上の日本人であれば、頬の一つや二つ張られた経験があると思う。中には、ビンタの衝撃で鼓膜を破られた人もいるだろう。

体罰としてのビンタは権力を笠に着て頬を張るケースがほとんどだったが、本来は良き指導者が部下や教え子の高次の部分を覚醒させるために行使する「愛の鞭《むち》」である。これも陰陽師の技法の一つ。幽霊を見て腰を抜かした者の頬を張り、性根を入れかえるのに通じる。ビンタは、いまでは死語に近い言葉。頬の張り方を知りたい人は、ハリセンボンのようなお笑い芸人を参考にすればいい。張り方に手心を加えているから。

いきなり両手を打って、「あいつ、何かやりやがったな」と性格のゆがんだ相手に悟られるのもしゃくだ。そんなときには、指を使えばいい。テーブルや机の下で指を弾くのである。大きな音を出すよりもパチンという衝撃音が大切だ。テーブルの下で指パッチン。これで高次元の部分が、がらりと変化する。

アメリカのショービジネスの世界などで、歌手が歌いながら指パッチンする姿を見たこともあろう。あの動作によって、観客の「気」を自分へ向けることができる。例えば、少し離れた場所にいる相手を誘導したいなと思えば、その相手に向かって指パッチン。すると、双方の高次元の部分がつながり、しかも自分が優位に立てる。先にやったほうが、相手を呑み込むことができるのだ。

昔の任侠映画にも、兄貴分が子分に向かって指を鳴らすシーンが出てくる。あるいは、指パッチンで女の子を引っかける場面も、石原裕次郎の青春映画などでよく見かけたものだ。僕も若い頃は、指パッチンをよくやった。僕になびいた女性がいたかどうかは別にして、いまの若者は指パッチンも知らないだろう。

ここで一つ注意しておきたいのは、指を2回弾くことで、自分に取り憑く浮遊霊を別の人間に移すことができるという点だ。寄生虫が寄生する相手（宿主）を取り換えるのを、指パッチンでお手伝いするようなものだ。真似されると困るので、具体的な方法は書かないが、もし指先で妙な動きを見せる人間を見つけたら、警戒するといい。

破裂音といえば、弦楽器も見逃せない。伝統的な日本の弦楽器といえば、琵琶、三味線、箏《こと》だろう。いずれも、撥《ばち》や爪で弦を激しく弾いて音を出す。「祇園精舎の鐘の声、諸行無常の響きあり……」。盲目の琵琶法師が琵琶を奏でながら語る『平家物語』は、滅亡した平家一族と海の底に沈んだ安徳天皇への「鎮魂歌」である。物悲しい琵琶の音《ね》には魂を鎮めるとともに、成仏できないでこの世に彷徨う霊を彼岸へ送り届ける力がある。破裂音とか弾く音は、とても大切だ。

音が悟りに直結することもある。唐の時代に、香厳《きょうげん》という名の若い禅僧がいた。一生懸命に修行するもののなかなか悟りきれず、日々を山中の墓守として暮らしていた。香厳が掃き掃除に精を出していたときだ。たまたま箒《ほうき》で地面を強く掃《は》いたところ、小石が勢いよく飛んでカーンと竹に当たったのである。

この衝撃音を聞いた刹那、香厳は忽然と大悟した。禅の世界では「撃竹悟道」とか「撃竹の悟り」などといい、曹洞宗の開祖・道元が著した『正法眼蔵《しょうぼうげんぞう》』にも公案として紹介されている。言葉より先に音ありき。読経のリズムを整えるのに使われる木魚が発する、あのトントントンの音にも、おそらく人間の高次な部分に働きかけ、低級霊を追い払う作用があるはずだ。

息吹の「吐く息」で邪悪な霊を弾き飛ばす

次のテーマは「呼吸の妙」。陰陽師は、呼吸すなわち息吹の使い方にも精通していた。

「呼吸」の2文字で分かるように、「呼（吐く息）」が先で「吸（吸う息）」はあとにくる。「息吹」も文字どおり「息を吹く」ことで、「吐く息」が最も大事だ。腹から息をしぼり出せば、自然に吸気に切り替わる。

浮遊霊・死霊・生霊が人間に取り憑こうとするときは、呼吸を見てタイミングを計っているのだ。霊が呼吸しているかどうかは別として、呼吸を同調させないことが肝腎である。そのためにも、息吹で邪悪な霊を弾き飛ばすことだ。

武術の真剣勝負でも、呼吸を盗んだほうが勝ちを収める。「呼吸を盗む」技は秘伝として限られた人間にしか伝授されないが、要は敵の呼吸を読み、こちらの呼吸を読まれないように工夫することだと思えばいい。相手の呼吸に同調しないで、こちらの呼吸のリズムに相手を巻き込むことがポイントだ。

映画『男はつらいよ』シリーズの主人公である寅さんこと車寅次郎は、全国各地を旅しながら盛り場や縁日などで、ごくありきたりの物を売りつけるテキ屋稼業に生きる男だ。寄ってきた客を巧みな話術で充分に楽しませ、最後には銭を出させる寸法である。これを、業界用語では「啖呵売《たんかばい》」という。

ちなみに、寅さんを演じた渥美清は『男はつらいよ』が映画化される前、自分を売り込むために山田洋次監督を訪れ、山田監督の目の前で啖呵売の口上を披露したのである。

「さて、いいかねお客さん。角は一流デパート、赤木屋、黒木屋、白木屋さんで、紅白粉《べにおしろい》をつけたおねえちゃんから、ください頂戴で頂きますと、5千が6千、7千、8千、1万円はする品物だが、今日はそれだけ下さいとは言わない！　いいかい、はい。並んだ数字がまず一つ。ものの始まりが一ならば、国の始まりが大和の国、島の始まりが淡路島、泥棒の始まりが石川五右衛門なら、スケベエの始まりがこのオジサン！ってての。笑っちゃいけないよスケベエって分かるんだから目つき見りゃ、ね！」

少年時代はテキ屋になりたかったというだけに、渥美清の口上は本物のテキ屋顔負けの出来栄えで、山田監督の心を鷲づかみにした。

さて、寅さんは立て板に水のように口上を述べるのだが、その一方で客の呼吸をちゃんと計算している。集まった客の心を一つにまとめ、呼吸を操っているといってもいい。啖呵売の名手にからめ捕られた客は、暗示にかかったように財布のひもを弛めることになる。

他者に呼吸を操られないためには、陰陽師の技法を使うのが得策である。それが「息吹」だ。相手との呼吸のしがらみをスパッと断ち切るためには、ヒューっと音が出るくらいに息を吐き切るのである。普通の呼吸では、関西商人の思うツボ。

咳払いやくしゃみも息吹の代わりになる。いまや飛沫をまき散らす元凶として嫌われやすい「くしゃみ」の語源「くさめ」は、もともと陰陽師が唱える呪文「休息万《くそくまん》命《みょう》急急如律令《きゅうきゅうにょりつりょう》」が短縮した言葉である。

息吹・咳払い・くしゃみのように、無意識の呼吸を意識化して息を吐き切れば、相手のペースに巻き込まれることはない。例えば、商談の相手が関西人の場合は要注意だ。

「ここは私らも、思いっきり勉強させてもらいまっさ。そやさかい、この金額でどうでっしゃろ?」。関西人以外の人間が関西弁を話す相手と折衝すると、不思議と相手の呼吸に同調しやすくなる。その結果、不利な条件を呑まされることになりかねないので、そんなときにはヒューっ！と勢いよく息吹くことだ。

息吹は、古代ギリシャ語で「プネウマ」と呼ばれ、気息・風・霊・生命の根源を意味した。3回も臨死体験をした彗星捜索家の木内鶴彦さんが教えてくれたが、臨終を迎えた人間の魂は最後の息を吐いたあとに身体から離脱するそうだ。「吐いたけど次が吸えない。どうしよう、どうしよう」と悶えるうちに、「あっ、苦しくなった」とふと気付くようだ。苦しみが続くのは、生きている証拠。これが、古代ギリシャ時代からの教えだった。最期に息を吐き切るときは、いままで続いてきた自分の生命に終止符を打つという気持ちが自然に籠もるのだろう。

同じ古代ギリシャ語の「プシュケー」も本来は「呼吸」を意味し、やがて魂や心を指すようになった。昔の人間は、呼吸によって魂が出入りすることを身体感覚で理解していたのである。

祝詞も最後のところで息を吐き切るのが秘訣だ。仏教にはあまり詳しくないけど、おそらく読経も同じだと思う。般若心経でも、最後に息吹くことが大事ではないだろうか。

「唸り」が場を浄化し悪鬼悪霊を追い払う

祝詞の話が出たついでに……。語弊を承知で言えば、祝詞の文言はどうでもいい。もともと言葉の意味など存在しなかったのである。大事なのは、音程・速さ・調子。そもそも神武天皇の祝詞は唸《うな》りだったのだ。なぜなら、神武天皇はまだ尻尾がある段階、つまり宇宙人のレベルにあったので人間の言葉を発することができなかったから。

神武天皇が日向国から出発して大和平定に成功する東征において、神武天皇が祝詞を上げている間だけは勝ちを収めることができた。あれは言葉の祝詞ではなく、「あ

〜あ〜あ〜」と唸るだけの祝詞。先代の巫女様が、そっと僕に教えてくださった。それには理由があるのだが、伯家神道に触れることになるので、詳しい説明は控えたい。

ただ、陰陽師は祓う目的によって、祝詞の音程・速さ・調子を使い分けることは覚えておいてもいい。文言には重きを置かないで、「唸る」のが基本だ。大祓詞《おおはらえことば》も、唸るのが本当のやり方である。唸りを鞭のように使い、その場の澱んだ気を切り裂いて一気に浄化するのだ。その技倆《ぎりょう》を具えているのが、本当の神官である。

ざっくばらんに言えば、高次元の世界に影響を与えることが目的なのだから、言葉のようにも聞こえるように唸り声を上げると、深奥で精妙な効果をもたらすことになるだろう。拍子木と似たようなものだ。唸ることで、その場を清めることができる。

演歌の世界でも、昔はパンチの利いた「唸り節」を駆使する歌手が多かった。都はるみや石川さゆりといった演歌の名手がステージで唸ると、会場の空気が一変したものだ。地方興行でも同じで、実は、陰陽師が歌い手として各地をどさ回り巡業しながらその土地を清めるケースが多々あったのである。アイドルグループなどが歌ういまどきの歌は、表面的な音程の変化にこだわっているだけで、聴く者の腹に響いてこない。

ところで、幕末、京都・祇園では薩摩藩と長州藩による会合がたびたび開かれ、倒幕の密議をこらしたことはよく知られている。薩長両藩士の訛《なま》りがきつくお互いの言葉が通じなくて困っているところへ、どこのお国言葉でも解する芸妓さんが「通訳」として働いたのである。

ちょうど同じ頃、祇園の八坂神社の境内には何やら不吉な一角が存在することが分かった。祇園祭で知られる八坂神社は東山の麓にあり、7世紀に渡来人が創建した。神仏習合の時代は「祇園社」「祇園感神院」などと呼ばれ、庶民の間では「祇園さん」の名で親しまれてきた。

「祇園」はこの世の一番端っこのことである。境内には、あの世とこの世の境を意味する「祇園地」があり、いわば冥界への出入り口だ。そこから次々と湧き出てくる魑魅魍魎《ちみもうりょう》が倒幕の障害となっては大変だという理由から、ここを封じる必要が出てきたのである。

小さなお社を建てたのだが、悪霊たちはそれをたびたび破ろうとする。そこで、祇園の舞妓さんは毎日、右手で鈴を振り鳴らし左手に榊《さかき》や竹の葉をもって巫女舞を演じ、時には三味線を弾きながら小唄を唸り、その場を浄化して封印することに努めたのである。ここでも「唸り」が悪霊封印の切り札だった。

いまやすっかり定着した祇園のお座敷遊びの背景には、悪鬼悪霊との闘いの歴史が横たわっているのだ。したがって、祇園に毎晩のようにお金を落としてくれる殿方は、舞妓遊びに興じつつも世のため人のために一肌脱いでいるものと解釈したほうがいい。

時代はずっと下って、１９７０年代にアメリカの超心理学者ロバート・モンローが開発した音響技術のヘミシンクも、唸りを活用している。両耳へ異なるさまざまな音を流し込み、左右両脳を同調させながら脳の潜在能力を高める仕組みになっているらしい。瞑想状態から高次元の世界にいざなう意図があるのだろう。ただ、聴力に障害がある人には効果がないと思う。

日本では、坂本政道氏がモンロー研究所の公式トレーナーとして活動している。著作も多く、僕も何冊か読んだことがある。日本の古代史にも造詣が深いようだ。創始者のロバート・モンローは睡眠学習を研究するうちに、体外離脱をたびたび経験するようになった人物で、自著の日本語訳もある。

モンローが「唸り」に着目した点は評価できるが、日本におけるヘミシンクが一過性のブームで終わったのはヘッドホンの使用に原因があるのではないかと思う。陰陽師の唸りは相手の両耳から脳へというよりも、全身から脳に伝わるのである。つまり、身体全体が耳となるのだ。しかも、周波数という言葉で分かるように、音は「振動」である。振動を伴う音が五臓六腑に響きわたるだけに、脳に限定したヘミシンクよりも効果ははるかに大きい。

その点、ローマ・カトリック教会の修道士たちが歌うグレゴリオ聖歌の「唸り」は素晴らしい。非常に甲高い音に聞こえるが、実は誰もが自然な声で歌える音域に収まっている。一人の声が主旋律として展開し、続いて多数の声が和声的に波のように押し寄せる形式と、楽器を使用しない音楽手法の特徴がグレゴリオ聖歌の「唸り」を際立たせているのだと思う。

はっきり言って単純な音楽であるが、ひとたびグレゴリオ聖歌を聞くと、心身が安らかとなり、魂が揺り動かされるような精神状態となる。人間と神の深い結びつきを「唸り」で描き出しているように思える。聴く者の高次元の部分に働きかけ、霊魂を清める作用があるのだろう。霊的成果は検査するわけにはいかないが、グレゴリオ聖歌を聴いたあとは血圧が下がったなどの実験報告があるようだ。

僕はスイス時代に、教会に足を運んでグレゴリオ聖歌をじかに聴いたことがあるが、我が身がこの世でないところを漂っているような不思議な気分になった。

実は、グレゴリオ聖歌はアジアの宗教音楽に影響されたとの説がある。それで思い当たるのが、仏教儀礼で用いられる「声明《しょうみょう》」だ。声明も単旋律による伴奏なしの声楽曲であり、一人の僧侶の低い唸り（経文）に続き大勢の僧侶の唸りが唱和するパターンは、グレゴリオ聖歌と同じである。歴史的にはイエス・キリストよりも仏陀の出現が早いことを考え合わせれば、声明がグレゴリオ聖歌に影響したのかもしれない。

クラシック音楽では、ベートーベンの最後の交響曲である「第九・合唱付き」がオススメだ。特にドイツ語の第九が一番いい。機会があれば、意味が分からなくてもいいので、第4楽章の「歓喜の歌」をぜひ生で聴いてみてほしい。独唱・合唱はこの交響曲の重要な声部であり、オーケストラは独唱・合唱の単なる伴奏ではないのが、第九の傑出したところだ。この三者が融合しつつも、それぞれが主役を演じ「歓喜の唸り」を上げるのである。

ベートーベンが第九を作曲したのは晩年であり、その頃は聴力がほぼ失われていたはずだ。おそらく、音楽家として致命的なハンデを負うベートーベンは、「唸り」が生み出す振動を全身に感じながら脳裡で飛び跳ねる音符一つひとつにダンダンダ～ンと結びつけ、楽譜に書き留めていったのだろう。

独裁者ヒトラーが戦意高揚と大衆操作の有力な手段としてワーグナーの音楽を活用したことは広く知られているが、きっとベートーベンにも注目していたに違いない。

玄武の章

盛り塩は、いざというときに撒くための備え

平安期の陰陽師は、卜占・暦づくり・天体と気象観測・時刻の計測などに従事していたが、時代の変遷とともに禊祓《みそぎはらえ》つまりお祓いを主な任務とするようになった。これまで語ってきた拍子木・拍手・息吹・祝詞と唸りも、すべてお祓いの一種。その場を清め、その人間の高次元の部分に取り憑く邪悪なものを追い払うのに有効な手段である。

お祓いを意識するしないにかかわらず、いまでも世間で一番よく使われるのが塩である。塩化ナトリウムNaClを主成分とする白い結晶がなぜ、抜群のお祓い効果を発揮するのかは分からないが、塩をけちるとろくなことはない（ただし、健康のために調理用の塩の使用は控えめにしたほうがいい）。

土俵に上がった力士が大きな手に塩をたっぷり盛って派手に撒《ま》く姿は、昔も今も変

わらない大相撲の象徴的な一コマである。土俵に塩を撒けるのは十両以上の力士に限られるが、それでも、初日から千秋楽までの15日間で費やされる塩は600〜700キロ・グラムにのぼるという。

土俵は、赤（朱雀）・青（青龍）・黒（玄武）・白（白虎）の四隅に鎮座する四神をはじめ、勝利の神々が見守る神聖な場である。塩を撒くのは土俵の邪気を祓い清め、無事を神々に祈るためと世間ではいわれているが、この説は正確ではない。塩はもともと、空間としての土俵がいまどんな状態にあるのかを見るセンサーの役目を担っているのである。土俵は場所前からすでに清められており、場所に入れば毎日、呼び出しが幕内・十両の土俵入りと横綱の土俵入りに柝を入れる（拍子木を打つ）ほど念には念を入れているのだ。

いまはそこまで深く考えて塩を撒く力士はいないが、本来は、空間としての土俵が果たして自分の味方になってくれるのかを見極めることに塩を撒く目的がある。塩というのは、それほど高次元の世界の影響を受けやすい物質なのだ。化学や量子力学をもってしても、その理由を解明することはできないが……。

土俵の世界では塩に限るが、我々の日常では水やお酒を塩の代用品とすることもできる。

昔から、幽霊は柳の下に出るというのが通り相場だろう。落語にも登場するし、水墨画や浮世絵にも描かれてきたように、しだれ柳と幽霊は切っても切れない関係にある。もともとしだれ柳は霊が宿りやすく、家の庭や周りに植えるのは縁起が悪いとされる樹木である。そのため、墓地や水辺・水路沿いに植えられることが多い。

女の長い黒髪のように葉がしだれる柳の下は、この世とあの世の境のようなジメジメとした場所で、井戸端と同じようにいかにも幽霊が好みそうだ。霊は湿気の多いところに出てくるが、逆にそこへ激しく散水すると霊を蹴散らすことができる。土俵に塩を撒くのは水のようにジメジメしないし、もともと水分を含んでいるからだろう。

陰陽師は、塩の白い結晶が空中でキラキラと舞う中に、何かを見いだすのだと思う。

土俵に限らず、料理屋や寄席などの客商売で門口に盛り塩するのは縁起を祝ったり清めたりするためではなく、いざというときに撒けるようにしておくためだ。これは、一般家庭も同じである。玄関ドアの前や部屋の四隅に少々の塩を盛ったところで、邪悪なものはそんなものにお構いなく侵入してくる。

目には見えないものの怪しい何かの気配を察知したら、すぐに盛り塩へ手を伸ばし、塩を撒くことだ。あるいは、その気配に向かってパッと塩を投げつけてもいい。物の怪に向かって塩をぶつけた刹那、その勢いで手の五指をパンと開く方法もある。昔は、ビンタする代わりに子どもの額を人さし指でパチンと弾く先生がいたが、あの要領と同じだ。その場にたとえ塩がなくても、相手に向かって五指を激しく開くだけでも効果はある。

葬儀に参列したあとに使う清めの塩も、まずは帰宅した者が変な霊を連れ帰ってい

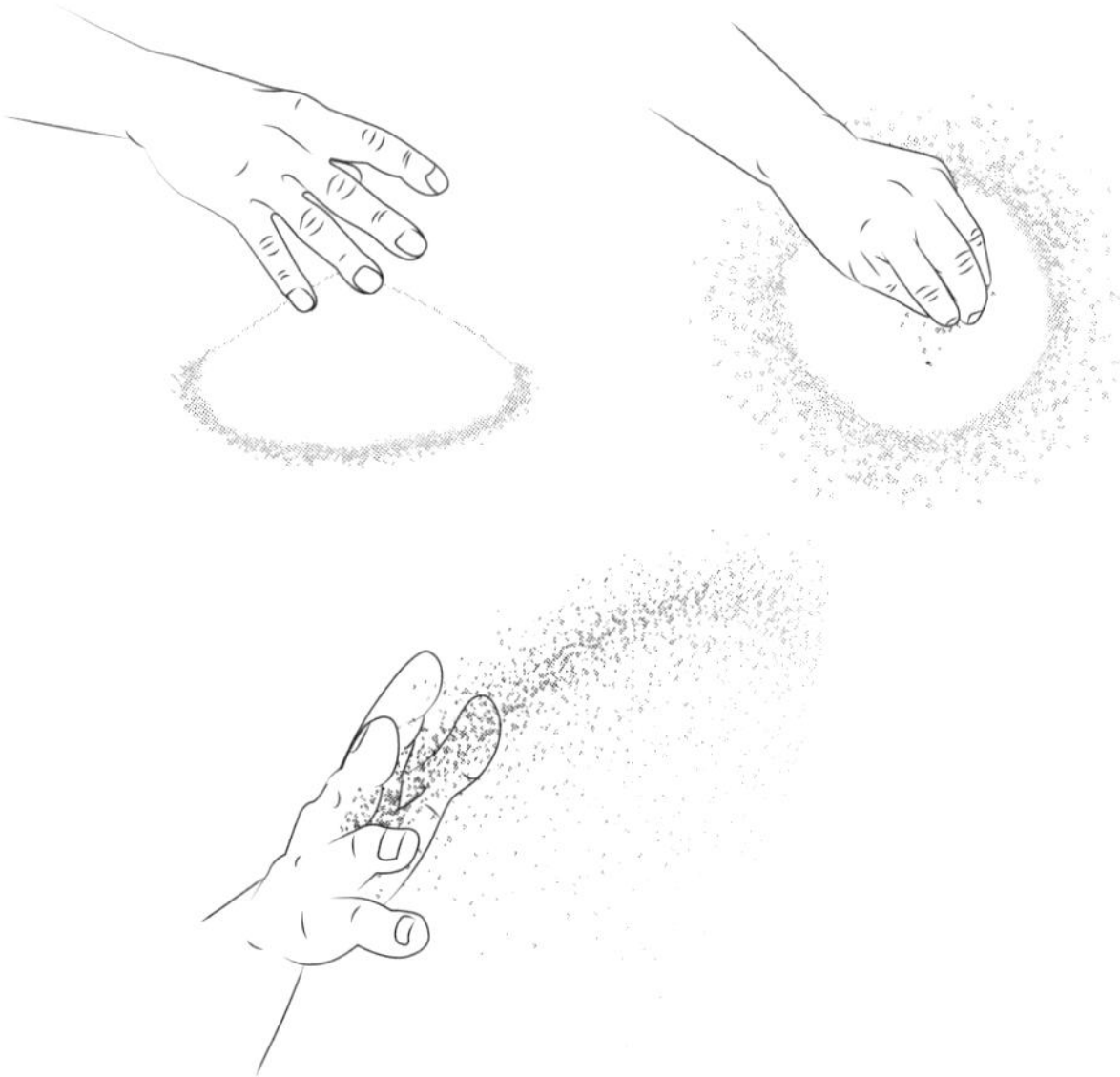

ないかを塩を振りかけることで見極めるのである。「いるな」と判断すれば、もう一度塩をぶつけて霊を退散させてから家の中に上げるのだ。これが陰陽師式の技法である。
形骸化したものが多いとはいえ、陰陽師の作法は日本の現代生活にもいろいろ残っている。葬儀で配られる清めの塩もその一つであり、評価すべき習慣である。
葬儀のついでに言えば、オーラは何も人間に限らず、モノにも発生す

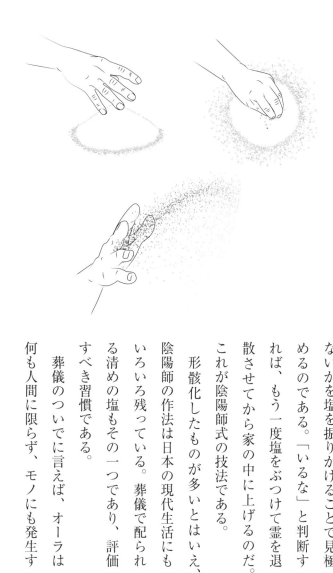

る。故人が残した品物にはその人の思いが籠もっているため、オーラを放つことになる。不慮の死を遂げた人間の遺品には、そばに置いておくと身体の具合がなんとなく悪くなるといったモノがあるが、そんなときは悪い霊がモノに付着しているケースが多い。

遺品を除霊したい場合は、塩でくるむのが有効である。結婚式の披露宴に出てくる鯛の塩釜焼きを想像すればいい。新郎新婦が焼き固められた塩の大きな塊を木槌で叩くと、パカっと割れて鯛が姿を見せるアレである。これと同じように、悪念が籠もっている遺品を大量の塩で包み込み、1日か2日放置しておけば憑き物は消える。祝詞や拍子木がなくても効き目は絶大である。

残念ながら、理論物理学者の僕に陰陽師の塩漬け技法を科学的に説明せよ、と言われても無理である。一点だけ注意しておきたいのは、塩漬けの場合は水・酒では代用できないことだ。あくまでも、塩オンリー。

キリスト教式「清めの水」と「清めの煙」

ただし、キリスト教で使用される水は聖水であり、普通の水とは異なる。「聖なる水」といっても、ルルドの泉のような特殊な場所で汲まれた水ではなく、ごく普通の水を聖職者が作法にのっとって聖別したのである。映画『エクソシスト』に、神父が悪魔に乗り移られた少女に聖水をかけるシーンが出てくるが、あの水はもともと水道の水だったのかもしれない。聖水も、清めの作用が極めて強いことは確かだ。

カトリック教会の入り口の左右には必ず石造りの聖水盤が置かれ、中に聖水が浅く張ってある。信者は教会に入る前にそこへ手指を浸し、十字を切りながら自らを清める。神社仏閣の手水舎《ちょうずや》にある水盤で参詣者が手を洗い、口をすすぐ風習と似ている。

カトリック式の「地鎮祭」でも、聖水を土地に撒く習慣がある。アメリカン・インディアンも浄化の手段に水や雨を使う。

水から煙に話が飛ぶが、ギリシャ正教の礼拝でよく見かけるのが、振り香炉である。長い鎖に金属製の香炉を吊り下げ、聖職者がこれを手にブランブラン揺らしながら祈祷中の信者の間をゆっくりと歩く。揺れる香炉からは香煙が立ち昇り、祈りが天国に届くことを願う。おそらく、信者がその「清めの煙」を浴びることで自身も浄化されるのだろう。

浅草観音で知られる浅草寺の本堂の手前にある常香炉《じょうこうろ》も、線香の煙でいつも濛々《もうもう》としている。参詣者が我先にと煙を手でかき寄せるように浴びるのも、自分の身を清めるためである。煙も水蒸気と同じように小さな粒子が結集したものなので、霊的な気の流れが見やすいのだろう。

「唸り」の説明でも少し触れたが、振動をお祓いに使う手もある。腹の底から唸ると振動が強まるし、その場でドンドンドンと足踏みしてもいい。相撲の四股に大地を力強く踏みしめ邪気を祓う効果があるように、下腹に力を入れ、自分を中心にして8

方向を踏み鳴らすとその場が浄化される。陰陽師は各地を巡り足で踏み鳴らしながら、お勤めを果たしたのだ。

一般庶民は、水晶を地中に埋め込むなどと大仰な真似をしなくとも、唸る・拍手を打つ・塩や水を撒く、などで充分にお祓いができる。極端な言い方をすれば、自分の気持ちだけでその部屋を浄化することも可能だ。穏やかな満ち足りた心を部屋いっぱいに広げ、ゆったりとしたひとときを過ごせば、その場は自然に清まる。なにも僧侶や神官を呼んで儀式を執り行ってもらう必要はない。それよりも、達磨大師みたいに悟りを開こうと日々壁に向かって座っているような人間がそばにいたほうが、その場は浄化される。

昔の日本人の暮らしには、陽当たりのいい縁側に恵比須顔のお婆ちゃんがのんびり座っている姿がどこにでもあったが、庶民的にはそれがいちばんのお清めだった。しかし、そんな風景は田舎にでも行かない限りお目にかかれない。都会は種々雑多の人間が密集するだけに、気を病む者、心が殺伐としている者、悪念を抱く者などがゴロゴロしている。一緒にいるとその場が不浄になるような人間とは、できるだけ距離を置くことだ。

いまの時勢がとても許さないだろうが、まずは今上陛下が一切の公務から離れ、皇居で日がな一日のんびり過ごされるようになれば、その御心がこの国全体に広がり清められるはずだ、と僕は思う。

いまの日本人は大いに「墓穴」を掘るべし

締めくくりに、取って置きのお祓い方法・墓穴祓いを紹介しよう。晴天の日を選び、スコップを使って、文字どおり墓穴を掘るのである。縦2メートル・横70センチ・深さ50センチを目安に、しばらくは一心に掘り続けるのだ。といっても、都市部の住宅事情を考えると自分の家の庭に掘るわけにもいかない。地方に実家があればその庭で、なければ空き地やキャンプ場を一時的に使わせてもらう手がある。

掘り終えたら、日が暮れる頃にその穴に入るのである。底に何か敷物を敷いて、ごろんと仰向けに寝転がるのだ。もちろん、土は被せない（被せるとホントのお墓になってしまう）。日没とともに、西の空には宵の明星が輝きはじめ、次第に星々が姿を現して満天に広がる。無数の星がきらめく天空を眺めていると、そのうちに目に涙がにじんでくる。

仕事が見つからずに自暴自棄になった者、学校や職場のパワハラで心がボロボロになった者、最愛の家族を失い失意のどん底にあえぐ者、そして、悪鬼悪霊に取り憑かれた者と、極度な精神的ストレスを抱えている人間は、自分で掘った墓穴に身を横たえてみるといい。

そのまま何時間でもいいから、満天にちりばめられた星たちを見つめることだ。すると、「ああそうか、俺って、もともとこういう人間だったのか……」と高次元の自分を発見する。その結果、気が整えられ悪鬼悪霊は尻尾をまいて逃げ出し、うつうつと塞いでいた心に一条の光が射し込むようになる。現代人特有の心の病が根治することと必定である。お寺で警策にピシャリピシャリと打たれながら座禅するよりも、はるかに効果がある。

「野っぱらに寝転がって星を見たって効果は同じだろう」と反論する人もいるだろうが、それでは効き目はない。墓穴は必ず自分で掘ることが、墓穴祓いの秘訣だ。「墓穴の中で死を疑似体験することで高次の自分を知るからだ」と、いかにもそれらしい説を耳にするが、実際のところ、墓穴祓いの効能の要因はよく分からない。

ただ、「フグ毒に当たったら首から下を土中に埋めろ」と昔からいわれるように、土には癒やしの力が宿ることは確かだと思う。うつ病患者に素手素足で畑仕事をさせると症状が劇的に改善することがあるのも、土が持つ治癒力によるものだ。保育園に見かける幼児の泥んこ遊びにも、風邪を引きにくくなる、五感が磨かれ創造性が豊かになるといった効果があるようだ。

土つまり大地は、いわば地球のアースである。複雑な人間関係にもまれ余計な電気がたまる傾向にある現代人は、土に埋まることで不要な電流を大地に流し心身の健康を回復するのかもしれない。

僕は大学時代に、穴掘りのアルバイトをしたことがある（墓穴ではありません）。当時のアルバイトは日給2000円が相場だった。ところが、その穴掘り作業は、破格の1万円。あの頃は合気道部にいて体力もあったので、力仕事がよく回ってきた。

毎朝、土木会社のトラックの荷台に乗って現場へ運ばれると、ツルハシとスコップを持たされ、ガス管を設置するために道路を掘り返すのである。穴の大きさは、長さ2メートル・幅1メートル・深さ2メートルと、墓穴祓いの穴よりもずっと深い。朝から夕方まで掘りに掘って、ようやく空を見上げる深さになる。

このとき初めて、土に全身を埋められた異様な感覚を疑似体験した。2メートルも掘ると、上の騒音もあまり聞こえなくなり、外界から切り離された状態になる。土中の孤絶を実感し、「自分という人間は、宇宙で唯一の存在なんだ」としみじみ思ったものである。陰陽師の墓穴祓いの技法を知ったのは何十年もあとのことであり、自分で掘った穴に自分ではまることの大切さを実感できたのは、このアルバイトのお陰かもしれない。

僕らはただのアルバイトだが、穴掘りを本職にしているオッちゃんたちは半日近くを地中で過ごす日々を送るのである。いま振り返ると、あのオッちゃんたちは実に優しい性格の持ち主だった。「おいっ、飲みに行くか?」と仕事帰りに酒を飲ませてくれたことも一度や二度ではない。あの面倒見の良さというか、他者への思いやりは大地から学び取ったものだとも思える。きっと、穴の中で過ごすと人間が変わるのだろう。

トルコのカッパドキアには4～10世紀のキリスト教洞窟教会群が散在し、『スター・ウォーズ』のロケ地にもなったチュニジアのマトマタや、中国の黄土高原にはいまでも穴居生活を送る人々がいる。母なる大地の中で寝起きするのは、悟りへ近づく第一歩なのだろう。

大祓詞にも、「此《か》く気吹《いぶき》放ちてば根の国・底の国に坐《いま》す。速佐須良比売《ハヤサスラヒメ》と云《い》ふ神……」と出てくるが、以前、神々が住まう高天原は天上ではなく地下深くに存在するという説を耳にしたことがある。高次元の世界とつながるのは、上ではなく下だということか。地球の上方に救いを求めるよりも、地球の中心に近づくほうが早道になるのかもしれない。建築・土木工事の前に執り行う地鎮祭も確かに、土地の神様つまり地中の神様に対する礼儀だとも捉えられる。

僕はいまの日本人に墓穴を掘ることを勧めたいのだが、世の中の動きを眺めていると、小金を貯め込んだ人々の関心は天を衝《つ》くタワーマンションに向けられているようだ。タワマンの上階であればあるほど人間の価値が上がり、ヒエラルキーの頂点に立てるものと勘違いする人が多いと聞く。その結果、下階の住民は上階に対するやっかみからくるストレスに心を焦がすことになる。

以前、ニューヨークのフォーシーズンズホテルに泊まったことがある。この超高層ホテルは52階建てだが、僕が案内されたのは宿泊料が最も高い3階だった。

「僕は最上階のペントハウスに泊まりたかったんだ……」とスタッフに駄々をこねたところ、「お客様、いざというときに52階からどうやってお逃げになりますか？」と言い返された。万が一火災が発生したときには、3階から隣のビルの屋上に逃げるのが一番楽で安全だということらしい。

いまの建築技術をもってすれば、日本のタワマンは停電や火災にも充分に耐えられる設備を備えていると思うが、タワマン派には高層ビル火災を描いた不朽の名作『タワーリング・インフェルノ』を一度観ることをオススメしたい。

さらに付け加えるとすれば、タワマンで育つ子は中医学的には不健康である。ご存じのとおり、昔の赤ん坊は日本家屋の中や庭でハイハイし大地の気を吸収しながら成長したものだ。ところが、高層住宅の建設とともに住空間が大地からどんどん離れていく。すると、子どもの平衡感覚、特に高低差を把握する感覚が育たなくなるのだ。高層マンションから転落する子が後を絶たないのは、身体感覚の不全に原因があるのではないだろうか。幼子を持つ親は、タワマンではなく穴居？を目指すべし。

陰陽師の法螺吹きは世のため人のため

陰陽師の「法螺《ほら》吹き」について語ろう。法螺吹きといえば、一般的には「大げさなことを言う人」「虚言を言う人」と解釈されるが、もともとは陰陽師の秘法である。両手の五指を自分の口の前で組み合わせ法螺貝の形を作ったあと、寄せ合った2本の親指の間に口をつけて法螺を吹くのである。吹く内容は、将来への願い事。できるだけ、世の中についての願いを中心に吹き込む。

「ウクライナ戦争が一日も早く終結しますように」「来年が豊作でありますように」「日本がアメリカから独立できますように」「自分の能力が生かせる仕事が見つかりますように」などと、一つの願いを3回繰り返すのである。すると、不思議なことにその願いが実現するのだ。

例えば、あるうららかな春の日、疱瘡が大流行して苦しんでいる村に陰陽師が足を踏み入れ、「皆の衆、この疫病は今年の秋になくなるぞ〜」と触れまわったとしよう。村のあちこちには、悪疫で命を落とした村人の屍《しかばね》が横たわっている。そこへどこの馬の骨とも知れぬ人間が現れ、半年先の村の状況を吹聴しているのだ。

村の人間が「けしからん。あの男は大法螺を吹いておる！」と怒り出すのも無理はない。これが、法螺吹きが嘘つきに転じた由来である。ところが不思議なことに、秋の訪れとともに、疱瘡は本当に終息へ向かうのだ。これは、村の苦しい現状を打開しようとして講じた策であり、陰陽師の法螺吹きは世のため人のために考案されたもの。

陰陽師が両手を組み合わせてヒソヒソやっている姿を見た修験道の行者たちは、「きっと秘密の修行に違いない」と着目し、やがて法螺貝を吹くようになったのである。したがって、山伏の法螺貝の原点は、陰陽師の両手の形にある。法螺を吹くうえで大事なのは、人に聞こえないように小声で話すこと。「○○大学に合格しますように」「フェラーリが手に入りますように」などと、自分の願いはできるだけ控えめに。

実は、陰陽師の法螺の他にも両手の組み方はいろいろある。

例えば、雅楽に用いられる管楽器に笙《しょう》がある。奈良時代に大陸から伝わり日本式に改変された楽器で、雅楽の合奏では背景の響きを奏でる役目を担う。オルガンの音に似た音色で、どこか宇宙的な音を発する。5、6種類の音を同時に鳴らし和音を奏する楽器は、世界的にも珍しいそうだ。笙には長短17本の細い竹管が円形の頭《かしら》に立

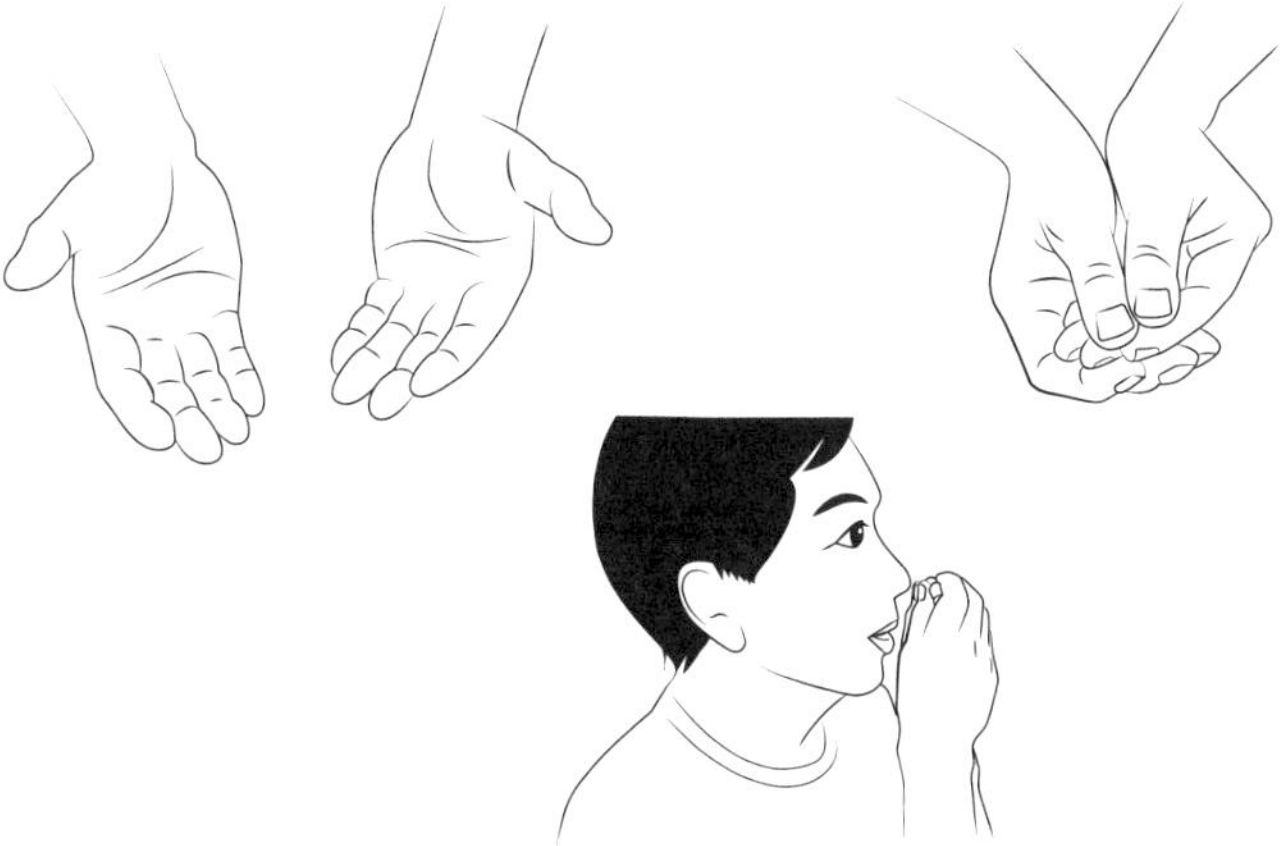

て並べられている。その優美な形は翼を休める鳳凰の姿に見えるため、別名を「鳳笙《ほうしょう》」ともいう。

笙を鳴らすときには竹管を並べた黒い頭を両手で包み、吹口を口の高さに垂直に持ち上げて構えるのである。その両手の形が、まさしく陰陽師の唸りの作法なのだ。大きな口を開けたままではアホ面に見えるし、よだれも出ることだろう。ましてや、宮中となれば雅な作法で口を覆い隠さなければならない。

巫女や神官が両手を口の前で組み合わせて祝詞を唸るかつての神事が笙という楽器に姿を変

え、雅な音色を発するようになったのである。宮中で笙を奏でるのは巫女とか神官であり、崇高な音色が天皇の住まう場を清めていたのだ。

日本人の花見は予祝行事の名残

スピリチュアルの世界にも、「予祝」という言葉がすっかり定着したようだ。予祝はもともと豊作や多産を祈り、その年の農作業と秋の豊作を模擬的に実演する呪術行事である。実演どおりの結果をもたらすのが陰陽師の技法であり、いまの日本人の暮らしにも欠かせない前祝いにつながっている。

予祝の最たるものが花見。桜の季節になれば、全国各地でお花見の光景が見られる。実際には、桜なんかどうでもいい。桜にかこつけて飲めや歌えのどんちゃん騒ぎをしたいだけの話だが、それでも立派に秋の豊作の予祝行事になっている。東京でいえば、

9～10月の収穫の時期より半年も前に花見で前祝いをやるのだ。その1、2ヶ月後に田植えが始まる。

昔は、田植えの時期の御田植祭りや新穀を神前に供えて感謝する秋祭りが各地で行われた。楽しい祭りの季節がくると、日本人の心は明るく浮き立ったものだ。地方にはいまでも秋祭りに夜通し神楽を舞うところがあるが、時代の変遷とともに祭りの行事はだんだん消え、花見に集約された感がある。

この国は毎年欠かさず花見を続けていれば安泰だ。桜がもたらす予祝の効果も年々上がっていると思ったところへ新型コロナに襲われた。3年間も花見ができなくなり、国全体が暗く沈んだのは記憶に新しい。

今年5月に開催された広島サミットでも、ウクライナ戦争終結の予祝としてG7のメンバー全員でどんちゃん騒ぎをすればよかったのだ。戦争当事国の大統領が飛び入り参加したのだから、主催国の首相が音頭を取れば、あの戦争はいまごろ決着がついていたかもしれない。

先の大戦中にも、日本人は戦争勝利の前祝いで大騒ぎしたものだ。戦後に予祝行事が減ったのは、GHQの占領政策の影響もあるはずだ。彼らは、戦場で見せた日本兵の捨て身の強さの秘密が国家神道の魔術にあると思い込んでいただけに、神道を徹底的に弾圧した。当然ながら、陰陽師についても調べ尽くしただろう。

GHQが神道を極度に警戒した様子が分かる面白いエピソードが残っている。岡山の赤磐《あかいわ》市にある石上布都魂《いそのかみふつみたま》神社は備前の国一之宮として知られるが、草薙剣が隠されていると日本書紀に記載されている神社である。

敗戦の玉音放送をラジオで聴いたここの宮司さんが、「占領軍はウチの秘宝の剣を絶対に奪いに来る」と直感し、草薙剣のレプリカを作って本物とすり替えたのである。宮司さんの予感は当たり、間もなくして占領軍が神社に押しかけそのレプリカを没収していったのだ。おそらく、GHQは日本書紀を研究し秘宝の事実を突き止め、わざわざ僻遠の地まで足を運んだのだろう。

本物は安全な場所に秘されたために無事だったのだが、隠し場所は宮司さんしか知らない。だが不幸なことに、その数年後に宮司さんが認知症を発症してしまい、隠し場所が分からなくなってしまったのである。航空自衛隊のパイロットだった御子息が定年で退官し宮司を継いで神社をくまなく探し回ったものの、いまだに剣の在り処は不明だ。おそらく、神社は危険だと判断した先代が、少し離れた自宅のどこかに隠したのだと思う。

おわりに

ここまで読み進んできていただいた皆さんには、僕が岡山という土地で生まれ育ったことの背景をある程度知ってもらえたに違いない。そして、岡山が単に桃太郎伝説などで有名になっているだけではなく、和気清麻呂や吉備真備、さらには安倍晴明や蘆屋道満といった陰陽師系の逸材を輩出した場所であることも。

本文では触れなかったのだが、そもそも古代においては吉備国と呼ばれ、出雲国と大和国に匹敵する強大な勢力を誇る地域となっていたのだ。製鉄技術や稲作農法に長けた「温羅《うら》族」と古代祭祀を司る「忌部《いんべ》族」がそれぞれの長所を発揮することで大和朝廷からも一目置かれていたのだが、その忌部族が勢力を持っていたのが備前から現在は兵庫県となっている播磨、さらには四国東部までの広大な土地と内海だった。そのため、その後は陰陽師として世の中の表舞台から隠れることになる忌部族の血脈を受け継ぐ人々が今の岡山県、兵庫県、徳島県にまたがる地域に多く出たようだ。そして、この僕が生まれた「保江本家」もまた、その血筋の温床となってきた。

そう、50歳になるまでの第1の人生の中で密かに熟成されてきた陰陽師の血が、50歳を超えて得ることができた死の体験によって表出してきたために、そこから始まった第2の人生は奇想天外な出来事がてんこ盛りとなっている。その一部については、すでに青林堂から

『僕が神様に愛されることを厭わなくなったワケ』

『秘密結社ヤタガラスの復活――陰陽《めを》カケル』

『東京に北斗七星の結界を張らせていただきました』

『日本大北斗七星伝説』

『神様ホエさせてください』

『神様のウラ話』

と題する成書の形で公表してきたのだが、今回初めて保江本家に伝わってきた忌部族の呪術についても、多くの皆さんにとって日常の生活の中で役に立つ平易で安全なものに限定して公開することにした。その理由は前書にも記したとおり、我が国を取り巻く世界情勢の中に立ちこめる暗雲のみならず、国内にも蔓延しつつある暗黒面の寵児からの悪意から世の人々を守りたいと感じている有意の士に「フォース（聖力）」を身につけてもらうためだ。

願わくば、本書に記された陰陽師の秘術の数々をご自分のために使うのではなく、世の平穏と人々の安寧のためにこそ実践していただきたい。そのような現代の陰陽師が増えていくことこそが、この日本に生きる人々の平穏無事を日々賢所で密かに祈ってくださっている今上陛下の御負担を軽減することにつながるのだから。

２０２３年10月吉日

白金の寓居にて

保江邦夫

秘伝和気陰陽師
現代に活かす古の知恵

令和6年12月7日　第3刷発行

著　者　保江邦夫
発行人　蟹江幹彦
発行所　株式会社　青林堂
〒150-0002　東京都渋谷区渋谷3-7-6
電話　03-5468-7769
装　幀　TSTJ Inc.
編集協力　大森悟
組　版　岩井峰人
印刷所　中央精版印刷株式会社

Printed in Japan

ISBN 978-4-7926-0752-4